O TERRORISMO
E A IDEOLOGIA DO OCIDENTE

ANTÓNIO C. A. DE SOUSA LARA

Professor Catedrático do ISCSP
Universidade Técnica de Lisboa

O TERRORISMO
E A IDEOLOGIA DO OCIDENTE

ALMEDINA

O TERRORISMO
E A IDEOLOGIA DO OCIDENTE

AUTOR
ANTÓNIO C. A. DE SOUSA LARA

EDITOR
EDIÇÕES ALMEDINA, SA
Rua da Estrela, n.º 6
3000-161 Coimbra
Tel.: 239 851 904
Fax: 239 851 901
www.almedina.net
editora@almedina.net

PRÉ-IMPRESSÃO • IMPRESSÃO • ACABAMENTO
G.C. – GRÁFICA DE COIMBRA, LDA.
Palheira – Assafarge
3001-453 Coimbra
producao@graficadecoimbra.pt

Fevereiro, 2007

DEPÓSITO LEGAL
253749/07

Os dados e as opiniões inseridos na presente publicação
são da exclusiva responsabilidade do(s) seu(s) autor(es).

Toda a reprodução desta obra, por fotocópia ou outro qualquer processo,
sem prévia autorização escrita do Editor,
é ilícita e passível de procedimento judicial contra o infractor.

PALAVRAS DE APRESENTAÇÃO

Este pequeno ensaio vem na sequência de outro pequeno ensaio, publicado em 2004 com a designação de "A Grande Mentira – Ensaio sobre a Ideologia e o Estado".

Não posso deixar de reflectir sobre dois aspectos primordiais, a propósito desta sequência: a temática que une estes dois trabalhos obedece a um objecto que me é particularmente grato – o estudo da ideologia – e, mais perifericamente, refere um tema que, para mim, sempre foi fundamental e que diz respeito à subversão do Estado. Curiosamente, desde que comecei a publicar, na área das ciências políticas, isto é a partir de 1974, estes dois temas têm sido constantes e centrais para mim. Hoje, não há quem não dê razão à centralidade de tal temática, quer para o estudo da Ciência Política quer para o das Relações Internacionais. Mas durante várias dezenas de anos foi o total deserto que cenarizou esses domínios específicos. Senti-me, durante esse tempo, uma espécie de São João Baptista de segunda categoria: uma voz que clamava no deserto. Ao Santo Percursor cortaram a cabeça. A mim, por enquanto, ainda não. Só que agora já não clamo sózinho no deserto. Faço parte de um vasto conjunto de analistas e publicistas que reiteradamente explicam a importância das ideologias para vida política e a centralidade da subversão política no contexto da vida internacional. Ainda bem que assim foi, direi eu não sem lembrar o velho provérbio português que diz que "mais vale tarde do que nunca".

Todavia há que admitir estarmos numa época de mudança, e ainda por cima de mudança acelerada, na qual é muito difícil fixar padrões e referenciar modelos de análise. Tal como para a História, o comentário político carece de um mínimo de afastamento e de independência analítica. O que abunda, em termos de estudo, nestes domínios, ou é descritivo (quantas vezes em excesso) ou constitui uma espécie de contorcionismo politológico, ou seja a tentativa de encaixe de uma realidade seleccionada em doutrinas pseudo-científicas, mais com o intuito de impressionar do que de ajudar a compreender o que se passa efectivamente. Há que ter a humildade de admitir que numa conjuntura como a presente, o excesso de variáveis dificulta, de forma permanente, uma interpretação clara e linear, e que, por outro lado, a procura de complexidade na explicação não corresponde nem à vocação da Ciência nem à comprovação da História. Infelizmente para alguns sábios, a realidade é simples e a humanidade é igual a si própria.

Em política a culpa costuma morrer solteira, como ensina, à saciedade, o professor doutor Adriano Moreira. E por isso não é estranhar que nas análises a que me refiro, sistematicamente "o nosso lado", seja formatado, desde o início, para que, se tiver culpa evidente e grave, ela morra solteira.

Este estudo procura ir no sentido contrário. Busquei o afastamento necessário quer "do nosso lado" quer dos interesses e de dos jogos em presença. O resultado descreve-se nas poucas páginas que se seguem. Elas serão mais destinadas a estudantes do que à opinião pública geral. As multidões não se interessam com estas comoções fora do imediatismo das emergências. Sempre foi assim e sempre será. Emancipa-se, hoje, este livro do seu autor e o seu autor deste livro. Ele ficará a falar por si. Eu, pela parte que me toca, espero continuar, com a graça de Deus, a pensar por mim e a aprender, todos os dias qualquer coisa mais com os outros.

ANTÓNIO DE SOUSA LARA

Fim do ano de 2006

1. OS ACTORES INTERNACIONAIS E A LIÇÃO DA GEOPOLÍTICA E DA GEOESTRATÉGIA

A maior parte dos teóricos das relações internacionais, começam as suas análises por identificar os padrões ou modelos de conformação da realidade internacional, em termos abstractos e gerais. É inevitável que a ciência proceda assim. Só que as diferentes atitudes e posturas tendem a exacerbar os seus mecanismos de explicação e provocam, por outro lado, o encaixe da realidade na formatação teórica, muitas vezes com a ajuda de uma "calçadeira" que consiste na habilidade de aconchegar a realidade que se deseja classificar, ao modelo pré-definido, com alguns retoques de omissão ou de empolamento na descrição dos factos. Em termos concretos, a maioria das teorias, quando se refere ao passado, toma a parte pelo do todo. É habitual que exemplifiquemos com o que se passou na Grande Europa, esquecendo que apesar de ser ela o centro do mundo de então, não era o Mundo de então. Ou seja o resto, que não encaixa na teoria, é omitido. A Europa é, pois reduzida à totalidade da cena internacional: eis o empolamento. O resto é tido por indiferente: eis a omissão.

Todavia, o sistema em apreço apresenta claras vantagens, uma vez que permite reduzir a um modelo, mais compreensível, uma realidade extremamente complexa. Daí o recurso a tal simplificação metodológica.

De facto a História e o presente apontam para alguns cenários que, por serem tendencialmente predominantes, são apontáveis como paradigmas para definir a cena internacional. Assim, teríamos:

– a anarquia internacional – que, em certa medida, corresponde ao estádio de natureza de que nos falam os diversos contratualistas, no qual e impera a lei do mais forte ou seja a lei da selva, e em que, como dizia o célebre Thomas Hobbes, reinava o caos ou seja a luta de todos contra todos.

– a mono-polaridadade internacional – que pode ser mais ou menos vincada, tal como ocorreu durante o esplendor do antigo Império romano (e cá estamos nós a empolar e a omitir) e que configura, razoavelmente, o paradigma das relações internacionais depois do fim da "guerra fria", que ocorre entre 1989 e 1991, quer por acção do exterior (dos Estados Unidos da América e da Santa Sé, por exemplo) ou por inabilidade e incapacidade de previsão própria (como acontece com os consulados de Mikhail Gorbatchev e de Boris Ieltsin). Teríamos, assim, uma situação de super-potência única dominante que define, em boa medida a agenda internacional.

– a pluri-polaridade internacional – com vários poderes internacionais concorrentes, que estabelecem o sistema agressivo activo ou o sistema agressivo potencial (tensão internacional) como o que vigorou durante "guerra fria" (1945-1991), ou, mais remotamente, depois do tratado de Vestefália (1649) ou depois da falência da Santa Aliança, criada na sequência da derrota napoleónica em 1815. (De novo estamos a omitir e a empolar, dentro do que já foi dito).

Os períodos de conflito geram situações de difícil arrumação. Em certa medida apontam para uma bipolarização tendencial (lembremos a Guerra dos Trinta Anos, as guerras napoleónicas e as campanhas de coligação contra ela organizadas, a primeira e a segunda Grandes Guerras Mundiais). Mas, a meu ver, o traço mais significativo é o de imperar a lei da força sobre o Direito e sobre a diplomacia. Não há dúvida nenhuma que as guerras, sobretudo no período que antecede a sua conclusão, mas não apenas, deixam entender que a razão determinante é a da força de destruição e a capacidade matar de uma forma maciça (killing power). Por isso mesmo as incluímos na configuração da anarquia internacional regida pela lei do mais forte, pela violência permanente, pela lei do mais forte, em suma.

Chegados este ponto, como classificar a situação actual? Por um lado, temos claramente uma situação de superpotência única, sistemicamente activa e dominante, em que a decisão estratégica, sobretudo nas alturas críticas, cabe, claramente aos Estados Unidos da América com os seus aliados, o que configura uma situação monopolar. Por outro, temos chamada guerra assimétrica, que gerou uma instância de contra-poder permanente suficientemente ameaçadora e dispersa e que controla ou influencia, de forma definitiva, não só a decisão desse polo dominante como, em termos mais concretos a própria gestão directa de vários Estados que por um razão de comodidade de diálogo se incluíram, com alguma infelicidade de síntese, no "Eixo do Mal". Se aliarmos a rede de Estados terroristas e paraterroristas à rede de Estados ligados ao narcotráfico, se, seguidamente, os articularmos com as instituições informais do crime organizado, (e aqui, mais uma vez, chamo a atenção para a dissertação de mestrado da Dr.ª Isabel Ebo intitulada "A Geopolítica da Droga", ISCSP, 2006) chegamos à conclusão que existe, de facto, um poder de contraposição com uma razoável unidade de acção, uma vez que se constituiu como coligação informal e holística contra o pólo da super-potência dominante.

A projecção desta situação para os vários futuríveis é de concretização difícil. Se for verdade que a elite de extremistas e hiper-fundamentalistas que ainda controla o Irão, a qual está na iminência de aceder ao poderio nuclear, se encontra ameaçada pela geração mais nova e emergente, que já não quer guerras santas, mas sim a sua inclusão nas benfeitorias do progresso e do comércio internacional, assumindo inexoravelmente uma atitude reformista e de diálogo, então pelo aperto da sua janela temporal em recesso, pode, no contexto das ameaças contemporâneas, provocar uma grave crise no Médio Oriente, designadamente envolvendo o Irão, o Iraque, a Síria, o Líbano e Israel, que, lembremos, possui um vasto arsenal nuclear. Esta situação desencadeia a reacção norte-americana inexorável, e bem assim uma gravíssima crise no mundo do petróleo, essa sim de impacto mundial. A escalada da guerra civil no Iraque, junto da previsível guerra civil na Palestina, podem contribuir como detonadores, para a explosão, a qualquer momento, dessa situação. Em certa medida, o contraponto deste futurível é o estabelecimento de uma "guerra fria" regional.

Por outro lado, temos uma administração russa, de Vladimir Putin, que não esqueçamos foi um dos dirigentes máximos do K.G.B., tentando cerzir os restos antiga União Soviética, reafirmando o velho modelo imperial russo, que perdurou, não esqueçamos de novo, durante todo o período socialista, desta feita substituindo ideologia marxista-leninista oficial por um novo conglomerado de justificação que inclui o nacionalismo sempre existente na Rússia, com o idealismo religioso da Igreja Ortodoxa, aliado a uma cultura, dominante, das Forças Armadas e de grandes sectores da burocracia do Estado, que é directamente herdada do sistema soviético e que se mantém pela sua própria inércia, como efeito sem causa de justificação, isto é, prescindindo da ideologia marxista-leninista que lhe deu razão de prosseguir. Não convém esquecer que apesar do fim da guerra fria em termos formais, da queda do Pacto de Varsóvia, por suicídio, e do desaparecimento da comunidade socialista de Estados, os mísseis balísticos inter-continentais soviéticos continuam, para o que interessa, "no mesmo sítio", apontados aos mesmos objectivos, visando, portanto, os alvos civis e militares de grande dimensão e significado, tal como era preconizado na doutrina MAD (Mutual Asured Destruction) e apesar da implementação da duvidosamente eficaz Iniciativa de Defesa Estratégica (chamada de *STAR WARS*). Daí a reafirmação do centralismo imperial russo, quer a nível periférico quer a nível central, ou seja, manifesto no barramento da vontade de autodeterminação da Tchechénia, ou expresso nas reivindicações territoriais feitas à Ucrânia e à Bielorrússia, mas também presente na perseguição às máfias e a poderes económicos paralelos, como foi evidente no caso emblemático da Iukos.

Em termos de violação da concepção da geopolítica russa, penso que se foi um pouco longe demais. Uma coisa é puxar para o lado do Ocidente, todo o cordão sanitário de países que faziam parte da comunidade socialista de Estados e que oportunisticamente foram invadidos pelos exércitos vermelhos, com o consentimento ocidental decorrente da Conferência de Yalta, no final da Segunda Grande Guerra Mundial. Ainda que geopoliticamente façam muita falta à Rússia, não faz sentido nenhum deixar a Alemanha dividida, não acolher a Polónia, a Roménia, a Bulgária ou a República Checa e mesmo os Estados bálticos, no Ocidente e nas suas macro--estruturas de integração. A própria Jugoslávia que é um dos monstros criados pelo Ocidente, designadamente pelos britânicos, como Estado--tampão, teve de ser amparada na sua desintegração como componente do todo europeu, também. Mas a instalação de bases americanas para lá da Turquia, designadamente na Ucrânia e na Bielorrússia, já é ir mais longe, e configura um cerco muito perigoso para a potência do Heartland, não podendo ser pacificamente aceite com o progressivo fortalecimento do pólo russo. Ou seja temos aí outro eventual ponto de fricção, a avolumar a breve trecho e de saída que se pode estimar de muito complicada.

Por outro lado, não há quem não fale de duas super-potências emergentes: a China e a India. Como são dois gigantes vizinhos e rivais crónicos não é provável que se aconcheguem numa aliança duradoura de natureza estratégica e isto são boas notícias para o Ocidente. Esses dois países somados têm cerca de dois biliões e 400 milhões de habitantes, a India com uma pirâmide etária jovem e com um crescimento bastante impressionante, pois é devido a investimentos próprios na área da indústria (automóvel, por exemplo) e na alta tecnologia, sendo já hoje uma verdadeira potência do *software* informático. A China com crescimentos de anuais médios superiores a 9%, especialmente devidos ao investimento externo na área das indústrias de *low cost*, mas com uma reserva impressionante de várias centenas de milhões de camponeses para injectar no mercado de trabalho e manter a sua competitividade por muitos e bons anos, apesar do agravamento progressivo da sua dependência em termos energéticos externos. A China controla, de forma razoável, os seus mais pequenos vizinhos periféricos ou, pelo menos, sobre eles vai mantendo uma influência incontornável. O agravamento das relações verbais e ideológicas sino-nipónicas tem provocado uma variação na atitude de neutralização do Japão, para influenciar uma lógica de rearmamento de natureza defensiva, que já se justificaria com as atitudes ameaçadoras nucleares da Coreia do Norte marxista-leninista, que, por outro lado, deve ser conjugada com o relativo caos de afirmação interna e externa, não resolvido ainda em absoluto, no velho parceiro norte-americano que é a Indonésia, bem como por uma certa vacilação e interrogação que paira sobre o aliado, igualmente potência nuclear, que é o Paquistão, cuja fidelidade parece mais assente em relações de natureza pessoal de liderança do que numa profundidade cultural, popular e sistémica. Ou seja tudo, isto configura uma equação com incógnitas a mais. Em caso de conflito gera-se, inexoravelmente, um realinhamento. E se é previsível que o Japão e a Índia, possam pender para lado Ocidental, não é nada clara a posição da Rússia, do Paquistão e ainda muito menos óbvia a posição da China. Estas emergências configuram, como é óbvio, uma nova definição no paralelogramo de forças da política internacional. É fundamental para discernir sobre a Terceira Guerra Mundial (que todos concordam tenha começado com o terrorismo transnacional em 2001), perceber duas questões fundamentais:

– qual seja a relação de cada um destes actores com os Estados Unidos da América em termos bilaterais;
– qual seja a relação de cada um destes actores com a rede terrorista transnacional;
– qual seja a relação de cada um destes actores entre si.

Outro aspecto fundamental para qualquer previsão é o de tentar compreender qual vai ser a inflexão da política interna norte-americana na sequência da eleição que se aproxima, de um novo presidente da União.

Aparentemente, durante a administração Bush a velha preocupação pelo "hemisfério americano" que é congénita na política norte-americana desde o presidente George Washington, reafirmada pela doutrina Monroe ao longo dos tempos, deixou de ser uma prioridade. A chamada 3.ª vaga de democratizações contribui para o efeito, mas não chega como explicação. Vai longe a época em que os Estados Unidos da América apoiavam generais e ditadores na América latina. Pelo contrário, já nem o velho inimigo de estimação, Fidel Castro, inspira grandes comentários da administração Bush. Mas permanecerá assim o contexto continental? A resposta só é importante porque define e clarifica as prioridades dos Estados Unidos da América no presente: sempre que o continente americano se torna uma prioridade geopolítica, reafirma-se a tendência isolacionista nesse mesmo país. O fracasso evidente da guerra do Iraque está a gerar sentimentos idênticos ao que fizeram perder a guerra do Vietname. Em certa medida repetiu-se a "asneira" de televisionar em directo, num sistema de folhetim diário, uma guerra desigual onde morreram milhares de jovens soldados norte-americanos. Esta situação, tendo em conta a natureza do eleitorado norte-americano, pode ser determinante para uma evolução da atitude externa da futura a administração a eleger.

Em termos de organizações internacionais, deveremos continuar a assistir ao prolongamento da decadência da Organização das Nações Unidas e ainda se irá acelerar mais, se foi reformulado o seu Conselho de Segurança no sentido da lógica, ou seja do seu alargamento a novas potências emergentes dos vários continentes. Os Estados Unidos da América, muito naturalmente, continuarão na sua política de substituição desse forum internacional de legitimação e de bloqueio, pelo forum concedido por uma NATO alargada, em conjugação com as potencialidades oferecidas pelos G/sete, G/oito, "quartetos" e o que mais conveniente for a cada caso.

A União Europeia, adepta do primado da Economia e do *soft power*, não constituirá alternativa, em termos militares, à NATO e à dominação norte-americana. Dentro dela não haverá previsível unanimidade entre o Reino Unido que se assume como testa de ponte e aliado preferencial dos Estados Unidos da América e a França que sonha com a velha *force de frappe* do general De Gaulle nem com uma Alemanha que já percebeu que o quarto *Reich* se materializou através da dita Economia e do Banco Central Europeu, sem ser preciso o recurso às divisões Panzer de má memória. A paragem de alargamentos da U.E. parece convocar, de novo, o senso comum para a gestão deste novo Leviatan.

2. A INFRA-ESTRUTURA ECONÓMICA E A OLIGARQUIA INTERNACIONAL

Em Dezembro de 2006 o relatório elaborado pelo Instituto Mundial de Investigação em Economia e Desenvolvimento, foi divulgado pelas Nações Unidas. Para além no apoio institucional da ONU, confere legitimidade ao dito relatório a representatividade da amostragem sobre a qual se fundam as suas conclusões, uma vez que foram tidos em conta todos os países do mundo e não só analisados os dados actuais e as estimativas dos serviços oficiais de estatística respectivos, mas também tidos em conta os níveis riqueza, em vez dos níveis de rendimento, como usualmente. Entrou-se, assim, no conceito de riqueza, incluindo tudo aquilo que as pessoas singulares ou colectivas possuem de facto, desde bens móveis a imóveis, passando pelos activos financeiros.

As conclusões são a continuidade do que já sabia. Infelizmente neste domínio não há agradáveis surpresas.

Todavia, valerá a pena ressaltar alguns dos seus aspectos fundamentais destas coclusões para configurara de modo mais objectivo o "sistema político mundial". Assim teremos, a saber:

A) Que mais de metade da riqueza existente no mundo está concentrada em apenas 2% da população.

B) Que os 50% mais pobres da população mundial do presente, apenas detêm cerca de 1% de toda a riqueza produzida à face da Terra;

C) Que a América de Norte, a Europa e algumas regiões da Ásia e do Pacífico, como sendo a Austrália e a Jamaica, concentram cerca de 90% de toda a riqueza do mundo.

Estas conclusões são mais do que suficientes para configurar o tremendo fosso crescente na distribuição da riqueza mundial pela população como o de um regime plutocrático. Naturalmente que, para tal qualificação seja completa, se torna necessário também, compreender que à tal acumulação progressivamemente desigual da riqueza, corresponde e se articula uma desigualdade similar na gestão do poder, do mesmo modo considerado à escala mundial.

Dir-se-á que a articulação mecânica e automática das várias oligarquias menores, ainda que em ambiente de globalização, não é evidente nem legítima, uma vez que há conflitos de interesses que se estabelecem entre os agentes económicos internos daqueles países que se configuram e incluem como os detentores do pico da fortuna mundial. Em análise micro-social e micro-económica assim é, efectivamente. Porém, de um ponto de vista globalizado, é forçoso concluir que esses países mais ricos não só se encontram aliados em termos militares, financeiros e económicos, como desenvolvem um sistema internacional único que corresponde aos principais "interesses sindicais" do clube global dos ricos globais. E é exactamente nesta característica que assenta a plutocracia: a existência de um acordo de fundo que corresponde à defesa de interesses estratégicos comuns, de carácter permanente e institucionalizado em termos sócio-económicos, uma vez que ultrapassa a personalização e a vida útil das pessoas singulares. Por isso forma um sistema e configura uma situação dominante.

Daí que a ideologia, também dominante, analisável através das grandes acções e das grandes omissões que em termos políticos são internacionalmente relevantes, se deva confrontar a par e passo com a teoria realista dos interesses, desta feita primariamente económicos, mas mediatamente transferidos para outros patamares da existência social (a política, a guerra, o Direito, a assistência e assim por diante).

Estas conclusões levam-nos ao ponto seguinte.

3. A CAMINHO DA SOCIEDADE TOTALITÁRIA TRANSNACIONAL

Esta epígrafe parece excessivamente pessimista. Esperemos que assim seja. Todavia já correu suficiente água por debaixo da ponte para que se possa continuar com dúvidas sistemáticas ou, pior ainda, a acreditar em "amanhãs que cantam".

O Estado não é neutro. Foi criado por uma determinada classe dominante em seu benefício e foi adaptado, ao longo dos tempos, pelas classes dominantes que sucederam àquela, dentro de um princípio de sistemática cooptação, sucessiva e simultânea, em articulação com os seus próprios interesses e com as necessidades imperativas ditadas pela sociedade em geral que, no limite, constituem um parâmetro obrigatório de sobrevivência e de equilíbrio vital. Para conseguir este desiderato, as sucessivas classes dominantes constituíram uma aliança, a maior parte das vezes tácita, com outras classes dependentes ou, mais invariavelmente, com fracções das mesmas classes dominadas, designadamente com as faixas dos burocratas que se encontram maioritariamente assentes nas classes médias. À medida que as classes trabalhadoras viram melhoradas as suas situações económico-financeiras, por concessões sucessivas das classes dominantes, foram elas, também, associadas contratualmente ao bloco dominante no poder, tudo isto ocorrendo numa moldura de reformismo e de gradualismo que as desmobilizou da revolução e dos tumultos subversivos, firmando--lhes uma complacência mais ou menos reivindicativa, mas que não põe, de todo em todo, o sistema instituído em causa.

No sentido de humanizar este Estado, as novas oligarquias, cujo modelo paradigmático saiu das revoluções americana e francesa, e que se espalhou pelo mundo fora como se de uma mancha de azeite sobre água se tratasse, empreenderam diversas modernizações estruturais de alguma profundidade, que moldaram a apresentação moderna do Estado. Delas destacamos as seguintes: a tripartição dos poderes, por oposição ao antigo despotismo, iluminado ou não, anteriormente exibido pelos soberanos e a criação de uma democracia representativa, em que o sufrágio é progressivamente alargado em termos de classe etária, de género, de abrangência racial, até se tornar satisfatoriamente universal. Esta reforma é fundamental, uma vez que constitui o mecanismo de legitimação e de continuidade inquestionável da oligarquia dominante através de um sistema transparente e aparentemente neutro. A par destas reformas foram introduzidas outras, como a formatação do Estado no âmbito de um sistema laico, de pluralismo religioso, associativo e político que se funda num conceito de tolerância sistemática para passar, mais tarde, a alargar-se ao limite da permissividade, em tudo o que não colida com os interesses dominantes do bloco social dominante que forma a oligarquia.

Ao nível do simbólico e sobretudo a partir dos grandes países de índole anglo-saxónica, esta tolerância teve acolhimento institucional político, como por exemplo, ao nível da dignificação da Oposição no contexto aparelho de Estado, da promoção e aprovação de grupos de interesse e de grupos de pressão estruturantes de uma cidadania activa na sociedade civil, e da promoção de um contexto de real e mesmo de aparente pluralismo jornalístico e de comunicação de massas, sobretudo presente na pluralidade de títulos e de agências noticiosas bem como das empresas que as controlam.

Depois de percorridos mais de dois séculos sobre a Revolução francesa, e retirando da análise uma teoria persecutória e de conspiração permanente, verifica-se que pela naturalidade permanente da "lei de ferro da oligarquia", a construção deste processo foi gradual, dialéctica e extremamente eficaz. Hoje em dia consegue-se vislumbrar que a maior parte História das ideologias acaba por ser a estruturação de um fluxo central dominante de interesses corporizados num sistema de práticas, de ideias e de doutrinas, que começou no longínquo século XIII em Inglaterra através do aparecimento do mercantilismo decorrente da protecção parlamentar e estatal à indústria dos lanifícios, até chegarmos ao presente. Essa corrente dominante provocou inúmeras antíteses, umas totalmente utópicas, outras que deixaram de o ser por terem conseguido existência material, ainda que efémera.

A corrente dominante dos interesses transformados em teoria e em doutrina não foi rectilínea. Pelo contrário, prosseguiu através de meandros, por via de regra da variante mais eficaz. Desde logo o mercantilismo progrediu pela sua antítese fisiocrática. A fisiocracia deu origem ao Estado liberal que gerou reacções à esquerda (os anarquismos, os marxismos, os socialismos, por exemplo) e à direita (a Doutrina Social da Igreja, o fascismo, o nazismo, o conservadorismo, e outras variantes). De todas elas a tal corrente dominante se aproveitou, "plagiando" aqui e acolá os ingredientes que a tornaram mais forte, mais humanizada, mais aceitável, mais indiscutível. A ideia que nos ocorria, ainda durante a não longínqua "guerra fria", de que tais oposições eram absolutas e paralelas, não resiste a uma análise histórica diacrónica, realizada neste início do século XXI.

Como disse, rejeito a utilização explicativa da teoria da conspiração. Tal como o vírus da gripe, esta corrente dominante não fez mais do que lutar pela sua sobrevivência, quase que de um ponto de vista material e darwinista. Venceu e ao vencer secou e exauriu as várias antíteses que se foram formatando ao longo dos séculos para a sua destruição. Curiosamente ao nível da "política de blocos" da "guerra fria" tivemos um efeito semelhante: do Primeiro Mundo capitalista e liberal, detentor da tese e da *main streem*, do Segundo Mundo socialista e marxista e do Terceiro Mundo descolonizado, subdesenvolvido e pobre, sobra o primeiro. O resto desapareceu completamente como entidade geopolítica.

Uma versão, provavelmente a mais divulgada, do resultado actual deste Estado-ideologia mutante é a do Estado pós-industrial, em recessão de Estado-providência, de democracia abstencionista estabilizada, dominada por *catch-all parties* rotativos e "siameses", em que o totalitarismo se consolida pela inexistência de alternativa política real fora dessa sede de poder, bem como pelo excesso de regulamentação, em permanente desenvolvimento, por via burocrática e política.

4. A IDEOLOGIA DO OCIDENTE

Haverá uma ideologia do Ocidente? Ou melhor: existirá um denominador comum ou uma plataforma mínima, ainda que tácita, que abranja todas as ideologias menores ou de sobreposição funcionais no Ocidente? Não posso deixar de dar resposta afirmativa. Existe uma plataforma de entendimento tácito que constitui o fundamento do sistema dominante vigente no mundo ocidentalizado. Em termos de causa e de efeito, exerce-se uma reacção dialéctica de causalidade circular entre o sistema económico e político dominante e essa ideologia fundamental. Ambos, sistema e ideologia, definem quais as ideologias menores ou de sobreposição que são funcionais ou disfuncionais, pela fórmula fácil e prática de serem chamadas ou não a gerir, alternadamente, esse mesmo sistema, ou de serem relegadas para a sua periferia, funcionando, apenas, como elemento legitimador da democraticidade do mesmo, ou seja como verdadeiras ideologias "idiotas úteis", passe a ironia da aplicação em *feedback* da expressão comunista do tempo da "guerra fria". Não é uma questão de somenos, esta da legitimação do sistema. Trata-se de uma sociedade aberta, profundamente mediatizada, em que a opinião pública desempenha um papel significativo. É claro que essa mesma opinião pública já está encaminhada, na sua corrente maioritária, quer para a ataraxia, quer para uma disposição favorável de "querer ser enganada" (na sequência do velha máxima latina *vulgus vult decipi*). E portanto desempenham um papel fundamental as excrecências ideológicas disfuncionais periféricas, porque permitem uma identificação instantânea do pluralismo democrático pelas massas, da alternativa utópica, e desempenham ainda, um papel corrector dos excessos da corrente principal do sistema, potencialmente hegemónica e tendencialmente absolutista, como o demonstrou John Locke, que o público desconhece, mas como resulta da intuição das próprias multidões (o chamado senso comum que se torna agora em senso comum dominante).

A ideologia do Ocidente começa por aniquilar a teocracia medieval. Foi um longo conflito ideológico resultante do nascimento do iluminismo, apoiado pelas enormes descobertas científicas que não pararam desde o séculos XVII, para terem sua explosão no século XX, recorrendo à divulgação de duas grandes revoluções burguesas, a revolução norte--americana e a revolução francesa, cujos efeitos foram lançados à escala mundial, como aliás previram alguns autores do romantismo político, dos quais destaco Joseph de Maistre, passando para a divulgação, em sistema similar e paralelo, dos efeitos da revolução bolchevista inicial, que foi a revolução russa de 1917, ambas, curiosamente condenadas pela Santa Madre Igreja desde o início da formulação da Doutrina Social da Igreja, em virtude dos seus excessos e efeitos perversos, mas sobretudo por se tratar de uma conjugação de sinais contrários de forças que se batiam contra a presença do divino no quotidiano. A vitória da sociedade capitalista na sua versão de sociedade de consumo em massa, de desperdício, de diferenciação sistémica, de inutilidade tornada imperativo de vivência (é a velha tese de Werner Sombart sobre a criação e desenvolvimento do capitalismo pelo mercado do luxo), resultou da imposição desta base ideológica dominante: uma sociedade agnóstica, que começou por enterrar a formatação teocrática medieval e concluiu transformando as religiões em arquétipos, em resquícios sobreviventes e humilhados, temporalizados em nichos, e disfuncionais relativamente ao funcionamento global da Sociedade.

Esta ideologia dominante operou, em primeiro lugar, como desejavam os teóricos a partir de Maquiavel, sujeitando a religião ao Estado, para depois a sufocar, pela transformação do Estado em entidade laica, e em segundo pela promoção da laicisação da sociedade civil, a nível do próprio quotidiano, isto é transformando-se a sociedade, a pouco e pouco, através dos meios comunicação social, da moda, da imitação, dos consumos, das campanhas e da própria educação, numa sociedade agnóstica de facto, em que a religião passou a ser mais um mero objecto de consumo, para preencher sectores da vida menos importantes ou que nunca tinham sido regulados pela própria sociedade consumo (como por exemplo gritante foram, durante muito tempo os funerais, e mais sugestivamente os casamentos, os baptizados, o Natal, a Páscoa, e as festas dos Santos padroeiros, desde que sujeitas a uma paganização suficientemente profunda para lhes retirar a carga religiosa dominante, deixando-lhes apenas uma pincelada decorativa de arquétipo religioso "não perigoso".

Esta conjugação de Estado laico (em alguns casos, de Estado ateu) mais sociedade civil maioritariamente agnóstica de facto, é a formatação necessária para o êxito e para a vitória do capitalismo na sua fase actual, e constitui um modelo de invasão quer das sociedades e economias em vias de desenvolvimento, quer das sociedades emergentes do colapso do Segundo Mundo (da antiga "cortina de ferro" ou seja do mundo socialista).

Não se trata de uma mera nova moda, mas de uma condição necessária para a implementação do modo de vida Ocidental. Daí o receio expresso contra o fundamentalismo, que passou a ser, em qualquer das suas expressões, um inimigo abater. É intolerável a teologia da libertação, ou integralismo católico do monsenhor Marcel Lefèbvre, como são igualmente inaceitáveis os fundamentalismos religiosos de qualquer natureza, sejam judeus, muçulmanos, hindus ou budistas. Os fundamentalismos destas naturezas são perigosos para a Sociedade Ocidental porque regressam à fórmula primitiva da promiscuidade e indistinção entre o profano e o sagrado, entre os códigos religiosos e os códigos civis, entra lei penal religiosa e a lei penal civil, tal como no Ocidente existiu no Antigo Regime que teve, por isso mesmo, de ser abatido em nome do progresso (às vezes em política diz-se a verdade!). Daí ser profundamente acertado, razoável e fundamentado, em termos sociológicos e politológicos, falar-se de um conflito de civilizações. Não que essas civilizações sejam etnograficamente diferentes (até o são, mas isso é o menos importante), mas sobretudo porque elas são ideologicamente incompatíveis, como o são o azeite e vinagre. Esta intuição segura e certa tem a sociedade dominante Ocidental quer a nível da oligarquia sempre dominante, quer a nível das massas. E por isso reage como reage, sempre que a ideologia de base é posta em causa. Quem não percebeu isto a tempo foram alguns Reis românticos, como o nosso D. Miguel I, que acabaram escorraçados e no exílio.

4.1. A ideologia em movimento

Não me vou alongar com a discussão das noções de ideologia, nem com a distinção entre teoria política, doutrina política e ideologia, matérias que são objecto de análise aprofundada no meu manual "Ciência Política – Estudo da ordem e da subversão" e que conta já com várias edições. Apenas, em jeito de remate operacional, concluirei abreviadamente, que não há estruturas políticas neutras, nem atitudes políticas sem conotação ideológica. Infelizmente para alguns, mas inexoravelmente para todos, a neutralidade em política não existe. Diria ainda, repetindo o que já escrevi várias vezes, que não existem terceiras vias autónomas. Normalmente a dialéctica impõe duas vias, sendo que a "terceira via" é normalmente também, uma variante quer da primeira quer da segunda. Aplicando a teoria ao que se passa contemporaneamente no Ocidente, verificaremos que há uma corrente dominante, o capitalismo que sofreu várias antíteses ao longo do seu processo histórico, umas mais agressivas outras menos e mais correctivas, sendo certo que a mesma doutrina incorporou as alterações, muitas vezes profundas que esse processo histórico lhe ditava ou sugeria, reformando-se e saindo mais hábil para enfrentar as vicissitudes dos tempos. E assim ganhou a "guerra fria", como já tinha ganho as duas grandes guerras, anteriormente, e de permeio, como já tinha saído vitoriosa da enorme crise de 1929. Se recuarmos na História, poder-se-á verificar que já tinha ganho todo século XIX e, no Ocidente, os séculos anteriores.

A "terceira via" que hoje alguns políticos insistem em defender, não é senão uma variante humanizada do capitalismo e do liberalismo, na sua expressão mais rentável que é a sociedade consumo, de mercado único global, transnacional, tal como previram os marxistas.

A ideologia dominante, em termos políticos e de Estado, identifica-se, em primeiro lugar, pelos pontos indiscutíveis. Ou seja, a primeira tarefa do analista é a de investigar o que é que ninguém põe em causa. E facilmente chegaremos à conclusão que ninguém põe hoje decisivamente em causa a propriedade privada, designadamente dos instrumentos produção, o mercado e as suas leis, a iniciativa privada, um certo Estado de Direito, que inclua um conjunto razoavelmente vasto de direitos, liberdades e garantias, aproximando-se da fórmula teórica juridicamente vigente, a Organização das Nações Unidas, o Direito Internacional Público de uma maneira geral, o papel da Comunicação Social, a periférica liberdade das organizações não-governamentais e assim por diante. Esta comunidade de indiscutibilidades constitui, quer se goste quer não, a ideologia dominante. Infelizmente os analistas confundem sistematicamente unanimidade política e neutralidade política, legalidade e legitimidade, lei e justiça. Como sabem os meus alunos, não se trata de sinónimos.

A ideologia dominante também se identifica pelos silêncios cúmplices generalizados. Trata-se da definição ideológica por omissão, de que nos fala o professor doutor Adriano Moreira. Por outro lado, é também possível compreender o núcleo duro da ideologia dominante de uma conjuntura, de um país, de uma comunidade de países, de uma organização internacional, pela análise dos pontos invariáveis de acção e de programa concreto, pela análise das elites que estão autorizadas a rodar no poder, e *a contrario sensu*, pelo conjunto das ideologias e das propostas dos grupos políticos que se mantêm sistematicamente na periferia desse mesmo poder. Por esta verificação cruzada, conseguimos avaliar aquilo que é autorizado daquilo que é considerado nocivo para a continuidade de uma determinada instituição política. E assim se define a ideologia vigente. Uma cada vez menor porção de ideologia explícita é também afirmada positivamente pelos agentes sistemáticos no poder.

4.2. Precisão conceptual operativa

Conjugando as conclusões, comprovadas histórica e sociologicamente, oriundas da teoria marxista e da escola italiana de Ciência Política (Vilfredo Pareto, Gaetano Mosca, Roberto Michels), temos, construtivamente assente que:

– A infraestrutura económica determina, em última análise e não mecânica e imediatamente, a superstrutura ideológica, que enforma o Direito e o Estado de acordo com os interesses dominantes da classe dominante;

– O poder nunca sai da elite. As elites renovam-se por cooptação sucessiva e simultânea. A elite política compõe-se pela elite governante e pela elite não-governante que, no caso do capitalismo e do liberalismo político, se alternam na gestão do poder central, não pondo em causa os seus interesses corporativos nem o essencial da ideologia dominante sistémica;

– Toda a organização configura uma oligarquia e, portanto, todos os partidos políticos são oligárquicos e todos os regimes políticos são oligárquicos também.

– Em todas as épocas, a classe dominante central, que exprime a ideologia dominante e os interesses estratégicos que dinamizam e configuram (ou reconfiguram) o Estado e o Direito, associa no poder, fracções de classes dependentes, além de lhes distribuir vantagens, uma vez que por força dos interesses destas e do seu peso relativo, contribuem para a definição periférica da referida ideologia dominante.

– A globalização e a transnacionalização das organizações políticas e económicas não altera o essencial desta doutrina, mas apenas faz variar o nível da concretização dos seus efeitos.

4.3. A ideologia neoliberal e a teoria do Governo mundial

> *"A mão invisível, tão referida pelos panegíricos neoliberais, não é a mão de Deus, caritativa e aberta, se não a mão do próprio Satanás, despiedadamente egoísta e despida de qualquer arrôbo de solidariedade relativamente aos fracos e oprimidos pelas suas próprias necessidades"*
> in "Abaixo a Democracia – o triunfo da teoria neoliberal"
>
> EDUARDO ÁLVAREZ PUGA
> Barcelona, 2005

A maioria das obras que referem a existência de um governo mundial são de natureza esotérica e exploram um imaginário que está próximo daquele que se interessa pelos objectos voadores não identificados.

E é pena porque, tal como dizem o espanhóis "yo no me creo en brujas pero que las hay, las hay!". Em todo o caso referirei a obra já citada de Eduardo Álvarez Puga e ainda as teses de James Morgan relativamente ao Governo mundial de facto, conforme publicação deste no célebre jornal Finantial Times. Em resumo, constata-se o seguinte:

No final da Segunda Grande Guerra Mundial, os Estados Unidos da América convocaram para a cidade de Bretton Woods, em Julho de 1944, cerca de 40 países combatentes e opositoras das potências do Eixo. Aí foi decidido criar o Fundo Monetário Internacional e o Banco Mundial, com a ideia de promoverem a estabilidade da economia a nível planetário, tomando preventivamente as medidas macro-económicas e financeiras necessárias para evitar uma nova crise catastrófica nas finanças e nas economias, como aquela que tinha acontecido com a grande depressão de 1929. Também é nesta sequência que é criado GATT, que, como sabemos, no dia primeiro de Janeiro de 1995 deu origem a Organização Mundial do Comércio. Depois da "guerra fria" este conjunto de aparelhos fundamentais de hegemonia mundial é completado por um

Comité Central de grandes países, uma espécie de Santa Aliança, que se denominou G7/G8.

O Governo mundial estaria baseado em tais instrumentos. Não deixo de ressaltar a lógica economicista deste sistema: a infra-estrutura económica provoca o aparecimento de uma plutocracia planetária que, incapaz de manter sozinha o sistema a seu contento, precisa de criar uma superstrutura jurídica e política decorrente da sua ideologia dominante.

O sistema de Governo mundial precisa, naturalmente de uma ideologia explícita, de um sistema da aparelhos ideológicos e de um sistema de aparelhos repressivos. Vejamos pois, cada um a seu tempo.

A ideologia é, segundo Alvarez Puga a ideologia neoliberal, que no essêncial consiste no seguinte:

Primeiro – Desregulação e fim do Estado social – para dar lugar e campo aberto a intervenção fácil da oligarquia do capital internacional. Para conseguir este desiderato é fundamental tentar aliciar o eleitorado, com a promessa de menos impostos, uma vez que há menos Estado a financiar.

Segundo – Impostos directos mais baixos – fazendo aumentar, assim, as mais-valias disponíveis para as grandes fortunas. Naturalmente que a carga fiscal maior incidirá sobre impostos indirectos e sobre a classe média.

Terceiro – Privatização das empresas e dos nichos rentáveis de todo o sector público.

Quarto – Secundarização do problema ambiental, na medida em que entrava os lucros imediatos, dos investimentos para colmatar os flagelos da fome, das pandemias e do subdesenvolvimento em geral.

Quinto – Secundarização, embora com o discurso não coincidente, da questão do desemprego e de entraves provocados pela emergência da concretização dos direitos humanos.

Sexto – Definição de um inimigo principal. Depois do Eixo nazi-fascista, veio a União Soviética e os seus aliados. Depois 1991, o inimigo principal passou a ser o terrorismo e o "eixo do mal".

Em termos de estruturas, os aparelhos ideológicos consistem sobretudo, segundo estes autores, no triângulo constituído pela Fundação Ford, pela Fundação Rockefeller e pela Comissão Trilateral, apoiados num vasto conglomerado de multinacionais. Todavia em termos instrumentais, está sediada numa articulação de redes de universidades, de fundações, de instituições de comunicação social, e ainda a título individual, num pequeno universo de cientistas, de professores, de jornalistas, de intelectuais e de políticos.

No que toca a aparelhos repressivos, como resulta óbvio, a NATO é o principal sistema institucional. Para isso foi preciso desenvolver um novo conceito estratégico que possibilitasse a criação de uma legitimidade autónoma de intervenção, ou seja de um *jus belli* independente relativamente à Organização das Nações Unidas e que possa definir unilateralmente "a linha justa" de acção. Os exemplos são do presente: veja-se o que aconteceu na antiga Jugoslávia e no Iraque. Por outro lado, a NATO deve querer evoluir de um espaço limitado para um âmbito universal, podendo ter acções preventivas e punitivas em qualquer parte do globo.

A expansão deste sistema teria sido implementado sobretudo a partir de 1979 com a liderança de Margareth Thatcher e no ano seguinte pelo presidente Ronald Reagan.

Em termos económicos as grandes directivas desta política teriam sido estabelecidas em 1971 na Conferência de Davos, com uma prospectiva aprovada até ao século XXI e que se tem cumprido à risca. A ideia é a de promover as fusões das grandes empresas em conglomerados multinacionais de âmbito mundial, designadamente bancos e seguradoras. Cada um destes novos colossos tomaria controle de uma determinada especialidade no âmbito do mercado mundial. É claro que a sua intervenção livre carece do fim do Estado protector, do tal sistema de privatizações generalizado reinstala a velha máxima da mão invisível, deixando funcionar mercado.

Esta lógica significaria o fim da época John Maynard Keynes e estabelece os novos gurus da Economia.

Em certa medida cria-se um novo sistema feudal internacional, com uma nobreza (a nova oligarquia plutocrática seria a grande nobreza e os seus aliados da tecnocracia gestora e política a média e pequena nobreza) com o clero (os membros referidos como pertencentes ao aparelho ideológico) e um novo povo (que é constituído pelo resto, por exclusão de partes, aliados aos novos marginais de facto que são os que tendo o mesmo nível formação académica e de desempenho que as franjas referidas nos dois números anteriores, se colocam numa posição disfuncional relativamente ao discurso e ao rumo predominantes).

Todo este sistema não funciona sem uma ideologia de divulgação concomitante e articulada. É preciso divulgar ao nível mais baixo o pensamento único, fechando o circuito integrado das universidades com o das fundações e das associações empresariais. Ao mesmo tempo é fundamental seduzir as massas e até a burocracia pelo dinheiro, pelo poder e pela fama. Aliás esta trilogia de sedução deve ser levada à exaustão, sob as mais diversas formas, em publicações populares, jornais, revistas, nas telenovelas, romances em folhetins e assim por dia diante. A nova escala de valores assenta, pois, no egoísmo, no individualismo, no êxito pessoal, no dinheiro, na ostentação, no consumismo e no desperdício. É obviamente incompatível com as religiões tradicionais, valores morais transcendentes, com a solidariedade com a fraternidade com a equidade com a pobreza e com os seus derivados.

A Cimeira de Quioto de 1975 propôs a criação de uma nova ordem mundial e deixou claramente referido que ela não deveria continuar submetida à "chantagem do Terceiro Mundo", acomodando, se possível, os regimes do bloco de Leste mais desenvolvidos. Foi o que aconteceu desde então. A Trilateral propôs a interdependência planetária contra o sistema de interesses nacionais e regionais, considerados mesquinhos e David Rockefeller sugeriu mesmo, substituir a autodeterminação nacional pela soberania de uma elite de técnicos e de financeiros mundiais. Edmundo de *Rotschield* chegou mesmo a sugerir que a nação constitui uma estrutura arcaica que deve desaparecer da acção política.

É claro que, a ausência de fronteiras, a diminuição do Estado, a inexistência de estruturas estatais em funcionamento para diminuir as desigualdades e a degradação das condições ecológicas, criam o caldo de cultura ideal para o desenvolvimento de actividades terroristas. Por outro lado a globalização dos sistemas e das comunicações, favorece o desenvolvimento das multinacionais criminosas que, como sabemos, contam já com quase um século de internacionalização. É claro que se compreende agora, alguma urgência em criar em Roma, no ano de 1998, conforme referimos noutro local, o Tribunal Penal Internacional. Houve consenso para castigar o genocídio, crimes guerra e a escravidão, uma vez que constituem delitos contra humanidade clássicos, impossíveis de contornar depois de Nuremberga ou de Tóquio. Mas a agressão internacional, numa extensão pró-activa do *jus belli*, ao arrepio do que havia sido consagrado na carta São Francisco, não obteve qualquer apoio para prosseguir e continua em estudo. Também é significativo que os países problemáticos não tenham assinado o acordo: Estados Unidos da América, a China Popular, Israel, o Iraque, a Líbia, o Iémane, e o Qatar ficaram de fora.

4.4. O nascimento de uma nova ideologia: a Governance e o fim da democracia liberal

A democracia liberal está intimamente ligada ao sistema parlamentar. Não é por acaso que existe uma quase unanimidade entre os polítólogos em considerar a origem da democracia de tipo ocidental, no parlamentarismo inglês, na revolução americana e na revolução francesa. Todavia, o sistema liberal e parlamentar tem vindo, progressivamente, a deslizar para um sistema de dominação quase absoluta do poder executivo sobre o poder legislativo e mesmo sobre o poder judicial, comprometendo, de forma profunda, a ideia liberal de génese, da autoria de John Locke, que é o inventor da tripartição dos poderes, embora a fórmula consagrada fosse a mais exequível tripartição da autoria do barão de Montesquieu. A subversão deste sistema originário apresenta as seguintes características sistemáticas:

- nos sistemas semi-presidencialistas ou parlamentares, desvalorização quase que completa do papel dos chefes de Estado, monárquicos ou republicanos, reduzindo-os figuras simbólicas, sem poder real que apenas desempenham funções protocolares e de catalisadores do sistema;
- transferência do domínio da actividade legislativa para os Executivos, secundarização da iniciativa real dos parlamentares, efectivo paralelismo de capacidade legislativa desses mesmos Executivos, quer por autorizações legislativas quer por uma hipertrofia do direito de regulamentação que passa a um verdadeiro poder legislativo paralelo;
- institucionalização progressiva de um órgão-charneira no Executivo que adquire centralidade em todo aparelho político, preenchido pelo primeiro-ministro, que subordina toda a Administração do Estado, transferindo a responsabilidade política dos ministros e do Parlamento, para a sua própria tutela;
- subordinação activa do Ministério Público perante o mesmo Executivo, retirando-lhe autonomia de iniciativa e de estratégia;
- cerco progressiva da autonomia do Poder Judicial.

Já se disse que o sistema actual, evoluindo num sentido totalitário, ao invés de considerar uma mais-valia e uma vantagem da cultura e da herança democráticas do Ocidente o pluralismo real e a existência de pesos e contrapesos efectivos na estruturação da sociedade política, evolui por uma omnipresença do Executivo, cuja capacidade real de ingerência, abrange, em primeiro lugar, a totalidade sociedade política e em segundo, a própria sociedade civil.

Não nos podemos esquecer, e para esta conclusão servem os meus longos anos de vereador e de autarca noutras circunstâncias, de deputado nacional, de membro do Governo e até de diplomata ocasional, que o poder político actual tem apenas três grandes barreiras a vencer, designadamente:

– o poder do dinheiro, com o qual se entrelaça na oligarquia dominante, como condição necessária e suficiente;
– o Poder Judicial que ainda permaneça independente;
– o poder da Comunicação Social e da opinião pública que ainda permaneçam independentes, organizadas e interventivas.

É nesta estreita equação que se encontra, a meu ver, na situação actual, depositada a alternativa política efectiva ao sistema e o que sobra de garantia maior de ainda não estarmos num sistema totalitário acabado.

Infelizmente, o sistema parlamentar já sucumbiu. As maiorias parlamentares não têm qualquer existência para o controlo político sobre Governo e apenas preenchem uma cega função de legitimação formal das acções que interessam ao mesmo. O sistema parlamentar evolui, frequentemente, para uma partidocracia, razão pela qual a fidelidade dos eleitos está mais centrada nas comissões políticas e nos comités centrais do que os eleitores. Os eleitorados vergam-se (vendem-se é mais forte, mas aproxima-se de realidade efectiva) a um Estado prestador, quer em termos internos, quer em termos internacionais. As relações externas, e aqui temos considerar relações externas as de integração europeia, são praticamente em exclusivo, negociadas e concluídas pelos Executivos que, assim, constituem a única instância real de diálogo com as novas entidades confederais, desvalorizando, mais uma vez os próprios parlamentos que apenas se limitam a ratificar, de uma forma seguidista, as negociações feitas pelos referidos Governos. Nesta conjugação, a figura do chefe do Governo adquire um poder político decisivo e praticamente absoluto, porque controla o Governo, a burocracia e o *output* de Poder legislativo ao mesmo tempo, tratando-se, ainda por cima, de um órgão uni-pessoal.

Os partidos centrais transformaram-se *catch all parties* e modelam a rotação no poder, por uma via praticamente exclusivista, marginalizando de facto (e às vezes de Direito) as restantes opções político-partidárias.

O sistema oligárquico assim formatado, acabou por inventar e montar uma nova ideologia: a "Governance". Esta ideologia surge camuflada de uma técnica flexível que visa um conjunto de procedimentos de eficácia e de boa gestão da política neoliberal. Infelizmente não se tem dado grande importância a esta invasão ideológica supostamente pós-moderna e que visa substituir o modelo político e sobretudo o processo político, de acordo com as exigências do neo-liberalismo.

Se procurarmos o significado acabado da expressão "Governance", encontremos apenas meias explicações. Ficamos com a sensação de que se trata de um sistema de geometria variável, de soluções flexíveis, atinentes a regular ou desregular o sistema político clássico do Ocidente, com vista a tornar mais efectivo e eficiente o poder dos Governos que de facto passam a responder efectivamente perante a oligarquia dominante (a título de parceria estratégica pós-moderna) e apenas tangencialmente perante os eleitorados. Naturalmente que esta geometria variável está aberta a novas parcerias, sem comprometer os interesses dominantes, à negociação permanente, a uma nova equação dos sectores público e privado, a uma contratualização sistemática seja do que for e, que em certa medida, pretende imiscuir-se como componente obrigatória, na estruturação do discurso político e do programa político dos novos partidos dominantes centrais que, tendo há muito foram obrigados a meter as suas próprias doutrinas na gaveta, e que agora se sujeitam seja ao que for, para conseguir mais votos, mais mandatos e a permanência no poder. Nicolau Maquiavel não teria sonhado com tanto.

Naturalmente que esta nova ideologia não está minimamente preocupada, porque se trata de uma ideologia dominante de elite, com o controlo efectivo a exercer pelos cidadãos e com o princípio da soberania popular, já para não falar do respeito pela intimidade e pela privacidade ou pela ideia, mais do que humanista, de considerar o Estado como um mal necessário ao desenvolvimento, com tentações hegemónicas absolutistas permanentes, e que, por isso, mesmo, deve ser controlado eficazmente pela própria sociedade civil que lhe é anterior e superior. Tudo isto passou ao lixo da História.

Os únicos beneficiários do sistema da "Governance" são os membros da plutocracia e da oligarquia dominantes. A própria classe política perde autonomia por esta via, uma vez que a definição dos interesses estratégicos que dão conteúdo conjuntural mutante à dita "Governance", lhes fogem da mão por pertencem e estarem alocados a um patamar superior. Por outro lado, a alternância dentro do aparelho democrático é, desta feita, meramente pessoal, uma vez que neste novo contrato de Estado estão envolvidos os partidos dominantes que mantêm e defendem exactamente este estado de coisas.

Afinal, a ideologia da "Governance" não é de hoje. Pelo contrário, já existe há muito tempo e presidiu a toda a tradição do realismo político maquiavélico e neo-maquiavélico, com expressões claras no foro internacional como sejam a justiça dos vencedores das guerras, o Direito Internacional dos mais fortes, o poder de ingerência e direito de o fazer, que começa na Santa Aliança e acaba nas intervenções humanitárias da actualidade do século XXI.

Neste momento a União Europeia está afectada por uma ideologia de "Governance Europeia" de que é responsável importante, em termos de definição, o senhor Romano Prodi. Muito embora fale de contabilidade democrática e de valores partilhados, como condições necessárias desse novo sistema, o importante é a cooperação integrada em zonas regionais cada vez maiores. E este critério é o determinante. Ou seja, é impossível atingir, ao mesmo tempo, todos estes objectivos, sem prescindir de um princípio que tem sido aplicado incessantemente nas relações internacionais da actualidade que é o do duplo critério perante as situações e os actores internacionais. Este pressuposto de "política de dupla medida", insere-se, directamente, na teoria da geometria variável da "Governance"e teve expressões continuadas ao longo de toda a "guerra fria" e no presente, no que toca à definição do politicamente correcto internacional, pelo sistema da indignação selectiva. As ditaduras militares, os totalitarismos marxistas, os parceiros de coligação ou os inimigos assim qualificáveis, não tiveram sempre o mesmo tratamento em termos de alianças estratégicas, de parcerias militares, de financiamentos económicos ou de ajudas financeiras. Permaneceu sempre o critério do interesse estratégico das superpotências e se as simetrias eram desvirtuadas, tanto pior para as realidades. Assim continuará, portanto.

Os restantes actores menores estarão, deste modo, completamente secundarizados. A transparência resulta da inexistência de grandes áreas livres para segredos na sociedade desenvolvida contemporânea, o que é suficientemente perceptível por parte dos eleitorados, para constituir uma garantia. Por outro lado, se nem todos são chamados a decidir, todos ficam com a sensação de poder participar a diversos níveis, em termos territoriais desde o nível mais próximo até ao mais distante e em termos hierárquicos desde o nível menor ao nível superior. A explosão de organizações não-governamentais, de grupos de interesse, de grupos de pressão e até de partidos políticos, dá a entender que a sociedade civil está viva e actuante e que participa no sistema. Ou seja, a nova legitimação do poder político, da acção e da omissão política e das suas resultantes é feita, agora por duas vias: pela via remanescente e institucional, através dos desvirtuados Parlamentos e das organizações internacionais, a nível das suas assembleias de tipo parlamentar, e, por ilusionismo, no novo sistema da participação política, dentro do velho princípio salazarista que nos assegura que em política aquilo que parece é. Em certa medida, o actual sistema carece, para remate do conglomerado legitimador, de um consenso subsequente. É por ele que se mede a aquiscência e autorização dos governados.

Este sistema está ser implementado dos patamares mais baixos aos níveis mais altos, até se estabelecer, por completo, uma Ordem Nova de âmbito planetário. Naturalmente que esta generalização serve os interesses hegemónicos centrais, como decorre da regra geral que é universal. Esta unicidade de estruturas, de formatação de políticas e de interesses, configura claramente a emergência de uma nova forma de ideologia e de um novo modelo de totalitarismo de aparência democrática. Totalitarismos populares já conhecemos, infelizmente, muitos.

5. UM NOVO MANIQUEÍSMO

A política internacional funciona por maniqueísmos. É uma regra milenar. E os maniqueísmos são extremamente redutores, uma vez que transformam o arco-íris das opções em duas cores apenas: o preto e o branco. Têm, ainda, o efeito de desprezar completamente a neutralidade. Por outro lado, os maniqueísmos são eminentemente totalitários: os do meu lado são os bons, os outros são os maus e a solução ou se reduz a uma coexistência mais ou menos difícil quando não fatal, com fronteiras e tutelas perfeitamente definidas ou a solução alternativa passa pelo predomínio ou a derrota absoluta e incondicional dos outros. Em 1989-91 desabou o mundo socialista e de uma penada pôs-se fim à "guerra fria". Passado o pequeno e curto período de hesitação quanto à redefinição dos termos da política internacional, no qual ficou desde logo clara a emergência e o fortalecimento de uma única super-potência. Criou-se um maniqueísmo novo: de um lado a sociedade de consumo, liberal, capitalista, de mercado, comandada pelo única super-potência sobrevivente e de outro a anti-globalização, que reúne os opositores ou os marginalizados deste projecto, e que ainda não tem uma liderança única, mas apenas lideranças regionais ou temáticas (a Rússia, a China Popular, os muçulmanos, os neo-socialistas da América Latina, os verdes e assim sucessivamente).

O inimigo comum é de novo a fonte primária de todos os ódios: para um lado o Estados Unidos da América e os seus aliados mais próximos e para o outro o "eixo do mal", os seus apoiantes e os seus aliados tácticos.

Um sistema desta natureza convida à guerra. Em certa medida prosseguimos com o modelo da "guerra fria": o equilíbrio do terror. Como consequência desta opção os inúmeros conflitos que têm deflagrado depois de extinta a "guerra fria" são ou guerras civis e genocídios ou guerras limitadas. Parecem cada vez mais desactualizadas as guerras totais de Samuel Huntington. As guerras gerais, todavia, continuam como ameaça limite na escalada possível destes conflitos a que me referi em primeiro lugar.

Em termos de instâncias internacionais não deixa de ser curiosa a situação actual. A velha Organização das Nações Unidas permanece formalmente actuante no campo internacional, como se o exclusivo da tutela tivesse, mas não deixa de ser patética a ineficácia reiterada que demonstra sempre que um conflito de maior proporção é anunciado nas pantalhas televisivas. Paralelamente a super-potência dominante do Ocidente criou e desenvolveu, em paralelo, uma série de *foruns* de geometria variável que agora utiliza para as finalidades de política externa mais convenientes. Desde logo a NATO, que conhece os alargamentos a Leste e a Sul, e que funciona como caixa de ressonância imediata e aliança permanente para as acções de interesse estratégico norte-americano. Ao lado desta organização funciona o G6, G7 e G8. O clube dos países mais ricos e poderosos do mundo funciona, agora, por patamares, como uma nova Santa Aliança, o que inexoravelmente veio esvaziar o Conselho de Segurança da ONU. Em termos regionais servem os tratados de integração económica, comercial e política, desde a União Europeia, passando pelo NAFTA, pelo ASEAN, enquanto outros se reúnem como contraforum (o MERCOSUL, por exemplo).

Sobra ainda, o sistema de relações bilaterais, que estabelece o preenchimento das lacunas que a malha que acabámos referir, não colmata.

Este sistema não parece acabado. Constitui uma manta de retalhos que pode funcionar durante um dado período mas que mais tarde ou mais cedo, dará origem a uma nova equação do poder internacional. Além do mais a opinião pública ainda não percebeu que no que toca a "guerra fria" estamos numa fase de recessão: a animosidade anti-Ocidental da China (comunista) faz instalar novos mísseis balísticos inter-continentais dirigidos aos EUA ao mesmo tempo que provoca directa e indirectamente o Japão enquanto a Rússia de Putin persegue, de novo, a Igreja Católica e reorganiza o velho império para a guerra.

O terrorismo surge aqui, neste contexto, como a melhor arma dos pobres contra os ricos. O crime organizado aparece, hoje em dia, cada vez mais associado à subversão do sistema estabelecido. Desde logo como forma de financiamento da subversão. Mas também aparece como efeito colateral e adaptação de uma actividade (que sempre existiu) ao novo teatro político que dá pelo nome de globalização. A Justiça e a Lei permanecem radicadas em aparelhos de base essencialmente nacional e mesmo local, ressalvadas as situações resultantes de instâncias internacionais ou da cooperação para o efeito da administração da mesma Justiça a nível internacional, que apesar de tudo são excepcionais e limitadas. Mas a inexistência de formas eficazes de repressão e de fiscalização permitem que as redes organizadas de crimes transnacionais, designadamente ligadas a crimes de branqueamento de capitais, de tráfico de estupefacientes, de armamento, de exploração do trabalho, de fuga ao fisco, tenham ultrapassado o Estado em termos de modernização, de eficácia e, portanto, de êxito. Ou seja, o novo maniqueísmo faz com que o Ocidente perca "por ter cão" e perca "por não ter". Se não transnacionalizar a Segurança e a Justiça perde a guerra contra a subversão e o crime organizado, se trasnacionalizar perde o Estado, que tutela as nações e as sociedades civis, deixando os cidadãos e os grupo menores à mercê de um super-poder político distante, invasivo e tendencialmente totalitário, por uma questão sobrevivência.

5.1. Algumas situações especiais no contexto das relações internacionais contemporâneas

São do domínio público, quase que de lugares-comuns, os parâmetros que informam as relações internacionais na actualidade. Quase não há quem não fale de uma estrutura monopolar da política internacional, conduzida pelos Estados Unidos, desde a queda do Segundo Mundo, da emergência de novos colossos, como a China, a India, e noutro patamar logo abaixo, o Brasil, a Indonésia; não aparece autor que não entenda a progressiva desactualização da Organização das Nações Unidas, sobretudo desde o fim da "guerra fria" e da entrada activa destes colossos na Organização Mundial do Comércio, de uma forma mais expressiva no que se refere à realidade das trocas comerciais e das próprias economias; bem como é uma espécie de cartilha obrigatória para todos os alunos das novas gerações devem saber quais são os 27 membros da União Europeia, conhecer os sucessivos alargamentos, conhecer as respectivas políticas sectoriais e divagar sobre a política europeia de segurança e defesa.

De permeio, não há praticamente ninguém que se preze destas matérias que não tenha opinião sobre o Médio Oriente, sobre a guerra do Iraque, e menos intensamente sobre a ex-Jugoslávia. Este tem sido o universo maior das discussões, cada vez mais redundantes, no âmbito da política internacional.

Falaremos pois, do resto, sem fugir a algum destes temas.

A NATO existe de facto e Direito e intervém sempre que existe uma crise grave na cena internacional e que não é dirimível pela Organização das Nações Unidas em tempo útil e a contento dos Estados Unidos da América. É eficaz, é rápida e funciona bem. A política europeia de Segurança e Defesa sucede a um falhanço redondo que foi a União da Europa Ocidental, que conheci de perto por ter sido delegado do Parlamento português a essa organização internacional. A sua sede era em Paris, muito justamente, pois quem animava tal cadáver adiado era a França, sempre zelosa da velha teoria do general De Gaulle que visava atribuir a esse país uma "force de frappe", designadamente nuclear. A Política europeia de defesa e de segurança comum, seguindo a aplicação das leis da física da impenetrabilidade da matéria, é de difícil compatibilização com a NATO, salvo se se dispuser a criar uma mera força de intervenção rápida para acudir perifericamente e concertadamente com esta, a emergências de natureza militar. Os políticos que formatam a União Europeia parecem esquecer que as organizações internacionais não são vistas pela mesma perspectiva, quer se trate de uma grande potência quer se trate de uma pequena: uma grande potência tende a utilizar as organizações internacionais, ou supranacionais ou até as confederações atípicas, como é o caso da União Europeia, por enquanto, como extensões imperiais, enquanto os pequenos países as entendem como instrumentos de influência internacional que não teriam isoladamente em virtude da sua grande dependência exterior ou da sua pequenez efectiva. Ou seja, vivemos num dilema actual que resulta de não haver consensos, nem paridade, nem equidade na utilização material da NATO no contexto internacional e, por outro lado, de haver uma total falta de credibilidade, herdada da União da Europa Ocidental, na Política europeia de segurança e defesa. Por outro lado, sabemos que a NATO sofre uma crise de clarificação de doutrina. Acabada a "guerra fria", pelo menos assim o decretaram os doutrinadores desta matéria, o que não é absolutamente claro tenha acontecido por completo, deixou de haver um inimigo evidente, sendo que a multidão já percebeu que o "eixo do mal", corporizado em boa medida no fundamentalismo islâmico, é mais induzido do que espontâneo, e constitui sobretudo uma antítese da qual a tese é própria a agressividade silenciosa do modelo ocidental que se tornou hegemónico. As ameaças são, efectivamente contra a potência hegemónica e contra os seus aliados directos. Ao invés de se favorecer a Organização das Nações Unidas (ONU) como centro de resolução dos conflitos, foram criados novos *fora* de substituição como sendo o G7/G8.

O Direito Internacional que é um instrumento tradicional, até cultural, de hegemonia do Ocidente e das suas concepções, não substituiu, nem sequer durante as épocas de normalidade e de ordem, o quadro institucional da violência legítima: ficou sem grande cabimento jurídico internacional o modelo definido como de guerra preventiva ou de retaliação ou, ainda, de intervenção humanitária, que apenas recorrem aos conceitos morais de guerra justa de Santo Agostinho e de S. Tomás de Aquino. É, convenhamos, muito curto.

Os dirigentes oligárquicos do próprio sistema internacional sempre tiveram uma apetência muito grande para alargar a superstrutura jurídica internacional ao domínio jurisdicional, com a criação das fórmulas de justiça dos vencedores e mais modernamente, com tribunais internacionais de vencedores. Fica claro, mais uma vez que a ideologia da classe dominante é a ideologia dominante que enforma e informa o Direito e o Estado e neste caso a superstrutura jurídico-política. A ideia nasceu ao que parece, quando em 1870 Mounier, da Cruz Vermelha Internacional, propôs a criação de um tribunal internacional. Não resultou, mas surgiu de novo em 1919 aquando do Tratado de Versalhes, os vencedores quiseram julgar o Kaiser Guilherme II. De novo em 1945, os aliados vencedores quiseram julgar os perdedores, constituindo o célebre tribunal de Nuremberga e o menos célebre tribunal de Tóquio. A incorporação da doutrina e dos acórdãos destes tribunais foi, posteriormente, completada no Direito Internacional Público, que se generalizou para todos os membros da Organização das Nações Unidas. Mais uma vez, a ideologia das classes dominantes que controlam os países dominantes e que saíram vencedores dos conflitos, determinam a superstrutura jurídica e política. Todavia, a "guerra fria" impediu o funcionamento de qualquer tribunal internacional durante a sua vigência, pelo que, só depois do colapso da mesma que ocorre entre 1989 e 1991, se puderam constituir tribunais internacionais, a nível do Conselho de Segurança da ONU, para a julgar as atrocidades cometidas quer na antiga Jugoslávia quer no Ruanda. A partir daí, nasce o projecto no seio da Comissão do Direito Internacional, que passa para a Assembleia Geral da ONU sendo que a conferência diplomática aprova o estatuto em Junho//Julho de 1998, com 120 votos a favor 7 contra e 21 abstenções. Em Março de 2002 cerca de sessenta países tinham ratificado o estatuto que entrou em vigor em Junho desse mesmo ano. Ao todo cerca de cem países ratificaram, até agora, o mesmo estatuto que cria o Tribunal Penal Internacional. O objectivo do mesmo é o de ter uma competência global e não selectiva, de ser complementar às instâncias dos Estados e subsequente a elas, de só tratar de crimes muito graves de âmbito internacional e de não dispor de competência retroactiva. Ou seja, destina-se sobretudo, a julgar os crimes contra a humanidade, como por exemplo os crimes de genocídio físico e cultural, os crimes de guerra ou a própria agressão, embora a jurisdição efectiva neste último caso esteja (*et pour cause*) adiada. Os Estados signatários têm de aceitar os acórdãos do Tribunal Penal Internacional que, por isso mesmo, reduz de facto a soberania clássica decorrente do sistema de Vestefália e passam ser a protecção e o garante último dos direitos humanos. Trata-se, claramente da criação de um aparelho repressivo à escala internacional na lógica de Louis Althusser, uma vez que pode decretar ordinariamente penas de prisão até trinta anos e mesmo, excepcionalmente, a prisão perpétua, cabendo ainda poder determinar multas ou o confisco de bens. Curiosamente, no capítulo da agressão, os trabalhos caíram num certo impasse. Como sabemos, a agressão bélica está prevista e proibida na carta São Francisco que institui a Organização das Nações Unidas, como uma forma ilegítima do uso do "jus belli". Mas atendendo à configuração contemporânea da sede do poder no âmbito internacional e à legitimação que o direito de ingerência acabou por ter, de facto, compreende-se a dificuldade criada e o impasse em curso.

A lógica da supremacia monopolar dos Estados Unidos da América relativamente ao Tribunal Penal Internacional não pode ser mais óbvia. Não é esperável que durante a administração de George W. Bush a superpotência dominante aceite a jurisdição de tal instância internacional. E depois? Seria bom, mas não lógico.

Mas a nova época e contexto internacionais, posteriores a 1991, criaram, de facto, uma também nova formulação das velhas realidades definidores das relações internacionais. A questão das fronteiras, por exemplo, conhece uma modificação substantiva. As fronteiras são hoje arquétipos, reminiscências administrativas de uma época que acabou definitivamente. No refiro naturalmente à situação óbvia das fronteiras interiores da União Europeia que mais pela força normativa dos factos do que pelo Acordo de Shengen ou pelo mercado único, se desvalorizaram completamente e não sobrevivem senão em momentos críticos de alerta vermelho ou no plano fiscal e, um pouco como acontece nas federações de Estados. Refiro-me, também e sobretudo, à desvalorização das fronteiras externas. Supostamente não terá havido atenuação no que toca ao enquadramento normativo vigente. Mas não é assim de facto. Desde logo a guerra preventiva e o direito de ingerência, criam uma expectativa e uma potencialidade que é desigual relativamente a todos os sujeitos de Direito Internacional Público de base territorial, condicionando-os a nível das próprias soberanias e, muito directamente no exercício que através delas se manifesta, na defesa do seu território.

As migrações, constituem um grande movimento de massas de natureza sociológica incontornável, demonstram a desactualização das fronteiras estáticas dos Estados, criando reacções espantosamente arcaicas, como sejam a da criação e construção de muros divisórios de países. Ou seja a velha muralha da China e as fortificações limites do Império romano voltaram à actualidade do século XXI com as construções eregidas para separar Estados e territórios, como aquelas que se constroem entre Israel e a Palestina, entre os Estados Unidos e o México, que nos recordam os velhos "muros da vergonha", do contexto anterior da política de blocos e que sobraram para o momento actual na divisão das cadeias, na base militar da Guantanamo em Cuba.

A Europa viva tolhida pela "teologia dos consensos".O famoso analista e antigo Secretário de Estado Henry Kissinger perguntava até onde estaria disposta avançar a Europa para além da ONU e destes consensos que a paralisam. O que é facto é que Europa descansou sob o guarda-chuva norte-americano na sua defesa externa, durante várias décadas. O milagre alemão, à semelhança do milagre japonês e dos ressurgimentos da França e da Itália, no pós-guerra, por exemplo para não falar dos outros países mais pequenos, foram possíveis devido à protecção garantida pelo o arsenal estratégico e táctico norte-americano e pelo desvio das verbas que deveriam ter sido investidas na Segurança e na Defesa, canalizadas que foram para os relançamento das economias. Ironicamente essas economias haveriam de fazer concorrência à Economia norte-americana dentro do seu próprio território, designadamente. E agora debatem-se com o dilema do atraso europeu dos investimentos e de estruturação de uma defesa externa da sua própria União, na incapacidade de articular conceitos estratégicos de defesa nacionais com um conceito estratégico de defesa europeu autónomo, incapazes de conciliar os seus relançamentos económicos com necessários avanços significativos nos orçamentos, sistematicamente reduzidos, nas áreas ligadas à Defesa e às Forças Armadas. E isto para não falar na questão mais prosaica da não integração dos programas militares multilaterais quer a nível da formação, quer a nível do equipamento das respectivas Forças Armadas. É óbvio que neste contexto, a União Europeia não pode aspirar a uma intervenção cósmica no domínio da defesa e da segurança. Fica confinada a uma intervenção no domínio da emergência e dos "primeiros socorros", naturalmente carente e subordinada, apesar de uma certa crise de indefinição do papel da NATO. Os Estados Unidos da América têm defendido que o pilar europeu de Segurança e Defesa não deve constituir uma duplicação de meios e de estruturas relativamente à própria confederação defensiva já existente, não deve induzir uma discriminação positiva e muito menos uma separação. Evidentemente que a questão lógica está colocada: se os objectivos e filosofias são diferentes não pode haver uma identidade estrutural e organizacional; se a filosofia e objectivos são os mesmos ou muito similares para que serve a duplicação? Este dilema tem tido como efeito prático a letargia do avanço da autonomização das Forças Armadas europeias em termos alternativos. E porque os políticos são obrigados a apresentar resultados e porque de política se trata, naturalmente o dossier que diz respeito à criação de uma força rápida intervenção vai avançar forma muito mais definitiva.

Em todo o caso que vamos ter o agravamento da situação internacional pela chamada força normativa dos factos. A degradação das condições ambientais e ecológicas vai ser ela própria geradora de conflitos. Lembremos o relatório assustador que prevê a extinção de grandes espécies de peixes, as de maior valor económico e interesse estratégico, a muito breve prazo, a continuar a intensidade de sobre-pesca até agora verificada. Calcula-se que dentro poucos anos ou seja na próxima década, grandes manchas de floresta tropical tenham desaparecido de vez, como por exemplo a da ilha de Java e grandes manchas periféricas do grande pulmão da humanidade que é a Amazónia, tenham sido reduzidas de forma drástica. Os cataclismos naturais decorrentes do aquecimento atmosférico, do efeito de estufa, serão de tal modo pavorosos que certas zonas conhecerão, a muito breve trecho, uma situação de dramática falta de água potável. A esmagadora maioria da população africana estará nesta situação bem como uma grande parte da zona asiática ocupada pela China. As migrações espelhadas nas dramáticas imagens das embarcações de famintos que todos os dias são aprisionadas nas periferias da União Europeia, vão tornar-se permanentes, por força da fome, decorrente das secas e das guerras em que esses continentes se envolvem ou estão sujeitos. A desigualdade dos grandes espaços funcionará como mote da violência. O sistema de ingerência a título de intervenção humanitária mascara uma lógica egocêntrica travestida de legítima defesa alheia. As intervenções na Bósnia Herzegovina, no Kosovo, na Somália, ou em Timor, mesmo que sancionadas pela ONU, criaram, de facto uma nova atitude de mando e portanto redefiniram as soberanias em sistema de diferenciação política.

Existe um paradoxo de resolução difícil no actual contexto internacional. É que, por um lado a comunidade internacional se encaminha para um cenário global com um polícia único que é a superpotência dominante e que em certa medida, exerce um poder autocrático central. Mas, por outro lado, se o reflexo dos grandes problemas e crises internacionais têm efectivamente, por força da globalização dos sistemas e dos circuitos, um efeito de natureza mundial, não é bom que não existam estruturadas instâncias intermédias e não se criem corpos políticos intermédios de âmbito regional, com vista à resolução desses mesmos problemas, sob pena de se não resolverem mesmo. Desta feita não se trata tanto de criar um proto--Estado ou um para-Estado para evitar a guerra e por causa dela, como aconteceu depois de 1945. Interessa, sobretudo, a criação de zonas de integração política económica, com co-cidadania de sobreposição que permitam dirimir conflitos internos e resolver os macro-problemas críticos que afectam a região. No MERCOSUL, por exemplo caminha-se no bom caminho. Menos óbvio é, ainda que muito mais urgente, o processo de integração promovido pela União Africana, que necessitará provavelmente de uma locomotiva mais forte do que aquela que é normalmente sonhada e que resulta da articulação de esforços da África do Sul com a República da Nigéria.

Em conclusão, as crises provocadas pela falta da água, pelos cataclismos naturais, pelo efeito estufa, pelo derretimento das calotes polares, pelas pandemias, têm natureza mediata ou imediatamente conflituosa. Acabaram os "amanhãs que cantam" na cena política internacional e para lá de uma visão optimista ou pessimista, os futuríveis encerram cada vez mais incógnitas (a que chamo de factor "i"). A política internacional, em virtude da globalização e do efeito permanente dos Média no nosso quotidiano, tem sido traduzida numa lógica teatral: há actores principais e secundários, há figurantes, há público, há cenários, há guião, há directores e realizadores, tudo parece configurar um espectáculo de natureza teatral.

Desde há séculos que assim tem sido, embora o efeito de divulgação seja novíssimo. Aquilo que vai estragar e pôr em crise este sistema é, necessariamente, o factor "i". A ausência de clareza nos campos e das esferas influência, fez com que se generalizassem, ao mesmo tempo, a doutrina da soberania limitada de Leonid Brejnev e a doutrina do não-alinhamento da Conferência de Bandung. Trata-se, naturalmente, de um contra-senso. A História irá decidir porque lado é que correrá o seu curso.

6. O TERRORISMO

Na obra "Ciência Política – Estudo da Ordem e da Subversão" (3.ª edição ISCSP, Lisboa 2005; 4.ª edição, ISCSP, 2007), tratei longamente da teoria do terrorismo. Convirá, todavia, ressaltar alguns dos aspectos fundamentais do tema, bem como acrescentar algumas explicações adicionais que se mostram oportunas. Em primeiro lugar a genealogia do terrorismo, que indubitavelmente é um fenómeno historicamente recente, passa por outras formas de subversão, como a guerra total e geral e em particular a guerrilha. A guerrilha urbana, em especial, constituiu desde os tumultos de Maio de 1968 em França um modelo de subversão de média intensidade que não pode deixar de se definir como parente próximo do terrorismo. Disse-se, nessa obra que todo o terrorismo é um acto político, que o terrorismo é essencialmente instrumental ou seja um meio e não um fim, que o propósito imediato do terrorismo é criar o pânico, espalhar o medo, generalizar o sentimento de incapacidade nas massas, para que um pequeno grupo que nunca atingiria o poder por vias democráticas, consiga dialogar com o Estado e impor-lhe as suas condições, quando não mesmo substituir o dito Estado na sua sede do poder político. Estes últimos serão os objectivos mediatos do terrorismo por oposição aos primeiros que constituem os objectivos imediatos. Também referi que o critério do benefício objectivo constitui uma baliza fundamental para a identificação dos promotores respectivos e para a definição dos interesses que os move. O terrorismo é, em princípio, a arma dos pobres e revoltados, embora tenhamos por certo que os pobres raramente assumem a promoção e a liderança de um processo subversivo, mas sim sempre alguém de outra classe social.

É claro lhe que alguns dos Estados mais ameaçados pelo terrorismo exterior, como por exemplo Israel, os Estados Unidos da América, ou mesmo interior, sendo impérios, como é o caso da Rússia, na actualidade ou foi o do Terceiro Reich, até 1945, (e encontraríamos muitos mais exemplos para ambas as situações), desenvolveram formas de actuação contra-terrorista que, no fundo, constituem, objectivamente, variantes deste fenómeno político, ou seja desenvolveram como resposta anti-terrorista um conjunto articulado e, diga-se, relativamente eficaz de mecanismos terroristas aplicados pelo próprio Estado e portanto financiados pelos contribuintes, a que muito justamente se deu o nome de "terrorismo de Estado". Não se confunda esta actuação com o apoio a título de treino, de "santuário", e de apoio logístico que alguns Estados terroristas desenvolveram na sua agressão contra os primeiramente referidos e cuja estratégia se inseria numa luta pelo domínio de esferas influência que caracterizou o Mundo até à década de 90 do século passado.

A distinção técnica mais importante relativamente aos tipos de terrorismo continua, para mim, a ser a que distingue *o terrorismo indiscriminado* do *terrorismo selectivo*. No primeiro caso incluem-se todos os atentados e agressões que visam generalizar um dano de monta a um paciente previamente indefinido, anónimo ou indistinto. É relativamente irrelevante quem morre ou fica ferido, desde que morra ou fique ferida muita gente. No segundo caso, trata-se exactamente do contrário, ou seja visa-se um alvo concreto, que se quer pressionar, eliminar, que se quer chantagear, fazer desaparecer de cena ou condicionar de forma definitiva, com vista a alterar o paralelogramo de forças ou o circunstancialismo político de uma determinada correlação vigente.

Também ficou claro que a primeira fase contemporânea do terrorismo incluiu um conjunto de procedimentos razoavelmente uniformes e que se configura adequado para uma direcção hierárquica das acções terroristas. Digamos que o terrorismo de primeira geração obedece a uma cadeia de comando hierárquica, funcionando num sistema de células, às quais são transmitidas ordens precisas de actuação no contexto de uma estratégia geral que é definida numa estrutura hierárquica organizacional de topo, rebatendo, em certa medida a lógica da instituição militar conjugada com a lógica da instituição dos partidos de esquerda clássicos, designadamente dos partidos que viveram na clandestinidade, como foi o caso de certos partidos comunistas antigos e de certas organizações anarquistas. Este foi o modelo do terrorismo da resistência que operou no âmbito do Terceiro Reich, na luta de clandestinidade contra o nazismo e que operou na segunda metade século vinte, durante todo o período da "guerra fria". O sistema actual configura um *terrorismo de segunda geração*, no qual dificilmente vislumbramos uma permanência desta lógica hierárquica tradicional. Pelo contrário, as células terroristas são agora suficientemente autocéfalas, estão apenas unidas, numa primeira fase da formação doutrinária e táctica, para depois se isolarem no contexto de uma inserção social participante, dentro da vida habitual de uma determinada comunidade, devendo gerar a sua própria autonomia de complemento de formação táctica, logística e de desempenho geral, uma vez que a definição da sua estratégia é de tal maneira pública que está permanentemente disponível na Internet ou nos noticiários da própria televisão.

Ou seja, muito mais dificilmente se identificará, por exemplo, uma estrutura global da Al-Qaeda, pelas simples razão de que não existe uma sociedade sistémica, administrativa, hierárquica, burocrática, logística, em tal organização terrorista, mas sobretudo, uma "estrutura" segmentada, um ambiente (como nos sistemas operativos dos computadores), ou uma marca de *franchising* (marca aqui utilizada quase no sentido comercial do termo, isto é uma marca tal como o *marketing* a desenvolve e promove), e, exteriormente, grandes objectivos estratégicos, justificações gerais de natureza ideológica, figurinos de desempenho e inimigos públicos, tudo isto explicado nos Média.O indispensável multiplicador de efeitos está, outrossim, constituído por toda a rede de comunicação social financiada pelo próprio inimigo.

Trata-se, por isso, em boa parte, de uma nova a formatação da actuação terrorista e se já era difícil, ao identificar uma célula, reconstituir a hierarquia clandestina tradicional, por maioria de razão, é hoje particularmente mais gravoso e difícil, a partir de um núcleo terrorista actuante, identificar as suas ligações e os seus apoios, uma vez que todo o processo evoluiu para um sistema de natureza dispersiva.

Não quero com isto afirmar que as formas primitivas de terrorismo tenham desaparecido de vez. Pelo contrário, o sistema actualmente vigente é misto: a Coreia do Norte e o Irão, por exemplo desenvolvem um tipo de terrorismo de Estado que era típico de muitos dos países do bloco de Leste e de alguns do Terceiro Mundo, até 1990, desta feita actualizados ao terrorismo nuclear, enquanto a ETA ou o IRA, ainda que com sucessivas promessas de renúncia às armas, permanecem no sistema arcaico do terrorismo por células, hierarquicamente dependentes de um partido clandestino, ao mesmo tempo que a Al-Qaeda tem ameaçado Mundo, por toda a parte com uma formatação terrorista de segunda geração.

6.1. O super terrorismo

O super-terrorismo é uma nova designação criada pela obra com o mesmo nome da autoria de Yonah Alexander e Milton Hoenig (edição de Transnational Publishers, Nova Iorque, primeira edição 2001) e refere-se a uma nova fase da avançada terrorista abrangendo meios cada vez mais poderosos e letais, designadamente de natureza biológica, química, e nuclear, de concepção e execução transnacional, correspondendo à época final do século XX e ao início do século XXI, ou seja ao período que sucede à "guerra fria" e portanto à fase do monopólio da globalização. Efectivamente os incidentes e ataques terroristas que marcam esta nova era, acontecem em teatros de operações invulgares (Estados Unidos da América e Japão, por exemplo) e vão assumir proporções alarmantes com efeitos psicológicos devastadores. É preciso ter presente que esses dois países fazem parte do núcleo duro da globalização pós--"guerra fria", e que, sobretudo os Estados Unidos da América tinham desenvolvido uma auto-confiança excessiva, considerando-se praticamente incólumes e inacessíveis a operações desta envergadura e natureza. A sua ocorrência provocou um profundo trauma nas multidões, nas elites, e nos sistemas de segurança norte-americanos, bem como nos universos afins, com estes intimamente relacionados, ligados sistematicamente e deles apoiantes. Assim, são de ressaltar os seguintes eventos como principais atentados que deram origem à nova fase do super-terrorismo:

– os atentados ao World Trade Center em Nova Iorque, no ano de 1993;
– os atentados ao edifício federal da cidade de Ocklahoma em 1995;
– a destruição das torre gémeas do World Trade Center, pela Al Qaeda em 11 de Setembro de 2001;

e ainda:

– o ataque ao metropolitano de Tóquio com gás Sarin, em Março de 1995.

Em certa medida, e directamente relacionada com estes eventos, ficou ideia, decorrente das próprias posições oficiais das autoridades governamentais respectivas, do falhanço das agências responsáveis pela inteligência e pelas informações, do qual decorre uma terrível falha no sistema de prevenção contra estas formas de super terrorismo. Os danos criados, em termos de confiança, são irreparáveis. Como já se disse, o objectivo fundamental do terrorismo, aliás decorrente da própria designação, é a de difundir um sentimento profundo de insegurança pública, altamente condicionadora, visando a instalação do medo na retaguarda e no coração das grandes potências, com vista a dobrar e enfraquecer, por causa da dependência do voto que esses países manifestam em termos essenciais, fazendo vacilar, inflectir ou condicionar as políticas dos executivos e dos representantes desses mesmos povos no que toca aos interesses antagónicos defendidos pelos agentes dos próprios actos terroristas. Digamos que neste particular não há novidade: o terrorismo sempre foi um recurso de violência para os pobres, ou seja uma forma de confrontação niveladora quando a desigualdade estratégica é abissal, de uma seita contra uma super-potência, uma grande potência, ou um concerto de grandes potências, de um conjunto escasso de militantes fanáticos, bem treinados apoiados por um conjunto estratégico muito mais reduzido em todos os sentidos.

6.2. Tipos de super terrorismo

O super terrorismo assume essencialmente quatro tipos indiferentes, a saber:

– acções suicidas de larga escala;
– o terrorismo biológico;
– o terrorismo químico:
– o terrorismo nuclear.

Curiosamente todos eles têm origem na guerra formal. As armas químicas foram usadas, com terrível efeito, na guerra de 1914-1918, as acções suicidas em larga escala foram materializadas pelo Japão final da Segunda Grande Guerra Mundial, com o sacrifício humano dos pilotos Kamikhaze, as armas biológicas foram utilizadas nas guerras da Coreia e do Vietname, por exemplo, e foram as bombas atómicas de Hiroshima e Nagasaki que deram origem à fase que ficou conhecida na História como a do "equilíbrio do terror", uma vez que se tornaram bem patentes os efeitos devastadores prolongados que uma explosão de uma ogiva nuclear, sobre uma cidade, densamente povoada, provoca concretamente.

Por outro lado, é a própria globalização que gera as condições propícias para o desenvolvimento destas novas formas de super-terrorismo. A produção de energia eléctrica barata à custa de centrais nucleares divulgou essa tecnologia a um enorme conjunto países. A globalização da Economia fez diversificar, através sobretudo das multinacionais, a produção em fábricas tecnologicamente muito avançadas, de compostos sintéticos usados nas indústrias químicas e farmacêuticas, mas que podem ser utilizados de outra maneira, no sentido da subversão política transnacional. O próprio colapso da União Soviética e a sua fragmentação num conjunto de Estados de estrutura e de funcionamento mais do que duvidosos, disseminou a possibilidade de comércio ilegal e de contrabando de produtos outrora inacessíveis, às redes terroristas, permitindo qualquer um destes tipos de subversão. E nestes domínios é completamente irrelevante falar de convenções de limitação do comércio destes materiais ou de tratados limitadores ou proibitivos de certas produções. O terrorismo funciona naturalmente à margem da Lei, ainda que certos processos e passos ocorram a coberto das instituições de uma sociedade aberta, como aconteceu com o treino dos pilotos que se suicidaram nos atentados do World Trade Center.

A estrutura deste mercado selvagem de componentes permitiram o *cocktails* de aquisições que deram origem aos mísseis nucleares coreanos. E desse cocktails poucas potências "aliadas" ou "amigas" dos EUA têm as mãos totalmente limpas, a começar pelo Paquistão e a acabar na Rússia.

Por outro lado, ainda, é própria sociedade aberta e democrática que fornece o mensageiro: a concorrência desenfreada das grandes empresas de comunicação social de massas, alimentou a avidez por este tipo de notícias e multiplica, assim, o efeito perverso da sua eficácia em termos escala transcontinental. Ou seja o fenómeno atinge uma proporção psicológica e social de dimensões muito maiores à escala da sociedade global por causa dos meios comunicação de massas, sobretudo os pertencentes aos próprios países alvejados. E desta situação não se vislumbra saída possível. Ou seja, ainda, torna-se inevitável o auxílio material, de facto, em termos de divulgação de que o terrorista carece para alcançar os efeitos ideais das acções levadas a cabo, sem as quais não se cumpre a missão fundamental dos atentados que é a de divulgar o medo.

6.3. Terrorismo, guerra civil e guerrilha urbana

Confundir terrorismo como guerra civil é de facto um erro de natureza politológica. A guerra civil é, por definição, um conflito intranacional, de âmbito geral, em que uma parte da população e do povo combate a outra parte, e por isso mesmo se considera uma guerra fratricida, de natureza clássica, isto é, configura um conflito armado tradicional entre duas forças militares organizadas em sistema de exército, com cadeias de comando próprias, e muito embora, em todas as guerras civis se tenha dado uma ingerência externa a favor das partes, apoiando logística e militarmente cada uma das "metades" em conflito, nem por isso deixa de ser um conflito intranacional. Trata-se de uma forma terrível de subversão, que rejeita a neutralidade de pessoas singulares ou de grupos internos e que tem levado às mais inconcebíveis formas violência e de desrespeito pelos direitos humanos. Estas características permanentes podem ser verificadas desde a Guerra da Secessão dos Estados Unidos da América (1860), passando pela Guerra Civil de Espanha (1936-1939), pelas lutas liberais e miguelistas em Portugal, até às guerras civis que assolaram os países emergentes da descolonização, como foi o caso da prolongada guerra civil em Angola.

Não se confunde, pois, uma guerra civil, por definição uma guerra simétrica e de âmbito doméstico de um Estado, com um conflito assimétrico, por definição transnacional, mesmo quando se dá o caso de decorrer de uma organização armada que reivindica a autodeterminação ou a libertação de uma determinada parcela territorial. Quando na década de 80 estudei o fenómeno do terrorismo para em minha tese de doutoramento "A Subversão do Estado", publicada em 1987, já então tive ocasião de demonstrar a sistemática conexão que existe entre movimentos terroristas deste tipo (como por exemplo a ETA e o IRA) e as demais organizações terroristas transnacionais, o que, a meu ver, é suficiente para qualificar todo o terrorismo como tendo uma natureza internacional. Por outro lado, trata-se, no caso do terrorismo transnacional, de uma novíssima forma de agressão a uma potência dominante e aos seus aliados, numa fase específica das relações internacionais a qual sucede a uma outra de grande continuidade.

Por via desta última característica, é possível gerar-se alguma confusão na análise dos dois modelos referidos. É que as guerras civis ocorrem, geralmente e quase que por via da regra, perante a emergência de uma de duas situações, saber:

- a alteração recente de uma forma de regime político prolongado (passagem do regime absoluto para o regime liberal, passagem da colonização para a independência, passagem de um sistema capitalista para um sistema socialista, ou o inverso, passagem da Monarquia para a República, e assim por diante) ou ainda perante uma grave rotura interna, resultante de uma discussão insolúvel por via pacífica, sobre o regime político (como aconteceu na discussão entre Federação e Confederação, alforria e esclavagismo, nos Estados Unidos da América);
- a descompressão da tutela autoritária exercida sobre um Estado artificialmente criado, compreendendo várias culturas, nações ou tribos tradicionalmente divergentes e incompatíveis (como aconteceu com rotura entre Paquistão e a India, depois da independência, com a Checoslováquia e com a Jugoslávia depois do desaparecimento da compressão marxista decorrente da queda do Pacto de Varsóvia e do mundo socialista, como se prevê que aconteça no Iraque (que é uma monstruosidade fabricada a seguir à Primeira Guerra Mundial a partir dos destroços do derrotado império otomano), ou como aconteceu de uma maneira geral em África depois das descolonizações, um pouco por toda a parte, e designadamente nas antigas colónias de Angola, Moçambique, Congo, Sudão, Ruanda e assim sucessivamente.

Ora esta nova forma de terrorismo transnacional acaba por ter uma característica comum, em termos de origem, com a guerra civil: ela ocorre depois da alteração recente e profunda de um regime político de vida prolongada a nível internacional (a "guerra fria"), e resulta de uma dialéctica não resolúvel por via pacífica, de fórmulas culturais divergentes e incompatíveis, que propagadas pela globalização, têm impacto a nível nacional.

Por seu lado a guerrilha urbana, conforme está mais longamente explicado no meu manual "Ciência Política-Estudo da Ordem e da Subversão" (3.ª ed. 2005), resulta da adaptação das técnicas de guerrilha clássicas e contemporâneas ao cenário das grandes cidades e centros metropolitanos, com base na doutrina e obra de Carlos Marighela (Manual do Guerrilheiro Urbano) experimentada com retumbante êxito na crise de Maio de 1968 em França e repetida, um pouco por toda a parte, depois dessa crise. Em Portugal teve uma réplica em 1969 e em França, de novo, ainda no ano de 2005 foi possível vê-la aplicada a uma escala nacional. Trata-se de uma táctica de subversão pós-marxista, ligada ao niilismo e à contra-cultura de várias formatações, cujos objectivos andam mais na área do protesto e da revolta anárquica do que num plano concertado de assalto ao poder. Em certa medida aproxima-se de um grupo de pressão ilegal e de desempanho igualmente ilegal e irregular. Difere por isso, e muito, da guerra civil e do terrorismo.

6.4. A Psicologia Social e explicação da subversão no mundo contemporâneo

A Psicologia Social há muito que nos informa que o ritmo do quotidiano da vida social é monótono, banal, repetitivo, sujeito a pressão das obrigações e à pressão das proibições. Por isso mesmo, nos diz também que todos nós necessitamos de um ritmo alternativo, que funcione como alívio ou "escape" desse quotidiano. Normalmente a derivação faz-se por via de um ritmo alternativo pacífico (participação em festas, em espectáculos, em carnavais, em desportos de massas, em teatros, em festivais, ou em situações que envolvam algum escândalo ou heresia). Uma parte desta fuga é hoje, nas sociedades urbanas do século XXI, canalizada para um ritmo violento alternativo, que pode ser singular (desportos radicais extremos, masoquismo) ou colectivo (tumultos, pilhagens, revoltas, destruições). Estes novos comportamentos visam o fim das obrigações, das proibições e das rotinas diárias. O indivíduo precisa de saída dos papéis sociais habituais e autorizados para a sua personagem e de libertar as dimensões recalcadas ou secretas da mesma. A sociedade de consumo estimulou a procura da novidade, do risco e incentiva a experimentação da diferença. Qualquer sociedade precisa, por outro lado, de um ritmo de integração, designadamente ritualizado, com o fim de estabilizar a própria vida social e de regular os comportamentos colectivos visando reforçar a sua coerência interna como Sociedade e, bem assim, da sua própria continuidade. A noção de "uso" é exactamente essa: uma prática repetida uniformemente na sociedade. "Costume" é, nada mais nada menos, de que um uso obrigatório. O actual modo de vida que a nossa sociedade dominante estabeleceu, gera sistematicamente formas de patologia psicológica colectiva (nevroses colectivas e psicoses colectivas). O desemprego, a migração maciça, as dificuldades sócio-económicas, as greves, as deslocações de populações, as deportações, a instabilidade no trabalho, para já não falar do cativeiro, dos campos de concentração, da guerra e do terrorismo, provocam nas populações envolvidas, perturbações nevróticas e psicossomáticas, que assumem sintomas da angústia aguda e de uma reacção de *stress* colectivo. Estas são algumas das causas que geram o fanatismo, quer de natureza política quer de natureza religiosa. O fanatismo é um estado psicótico, em que a paixão domina a inteligência. Apresenta-se como um idealismo intenso devotado a uma causa tida por sublime e transcendente, à qual um fanático dedica toda a sua vida de uma forma obcecada, chegando ao ponto de desejar morrer por ela.

Não podemos esquecer, ainda, os ensinamentos que Psicologia Colectiva nos vem dar sobre as multidões, nos aspectos que se referem aos seus comportamentos homogénios, rompendo facilmente o condicionalismo moral estabelecido, criando um forte sentimento de comunhão de acção, dotando os seus membros de um poder entendido como invencível, provocando a lei do anonimato e de irresponsabilidade, estabelecendo um contágio de tipo hipnótico, desvanecendo a personalidade consciente, precipitando o imediatismo da acção, a sedução e mesmo fascínio pelos líderes, tornando em actuante o inconsciente recalcado, abolindo as proibições, estabelecendo um prazer no mimetismo de acção, gerando uma embriaguez e um conforto que é uma variante de substituição do próprio prazer erótico, induzindo uma inter-estimulação de atitudes, contrastando com o ritmo banal e monótono do quotidiano.

É fundamental ter presente as lições da Psicologia Social para as análises da situação contemporânea de acção e de reacção colectivas. Mais uma vez, as intervenções situam-se sobretudo ao nível dos efeitos das acções e menos das causas. A incompreensão geral destes mecanismos impede uma intervenção completa, acertada e eficaz.

6.5. Terrorismo, crime organizado transnacional e financiamento dos mesmos

Basta ler os relatórios da União Europeia, da Europol ou mesmo os do IPRIS, em especial, sobre a delinquência organizada, sobre a produção e tráfico de droga, os relatórios sobre comércio ilícito de drogas e a geografia da integração financeira, os relatórios da administração norte-americana designadamente do Departamento de Justiça de Washington, sobre as conexões mundiais entre a droga e o terrorismo, os boletins do Observatório Europeu da Droga e da Toxicodependência, muitos deles disponibilizados na Internet pelas autoridades norte-americanas e pelas congéneres europeias, para não ter a mais pequena dúvida de que existe uma base de dados perfeitamente clara, acessível ao público em geral, e, por maioria de razão ultra-pormenorizada, a nível dos governos centrais e das suas agências policiais e de serviço de informações, sobre estes temas.

Não vale a pena, pois, divagar ou hesitar sobre a correlação directa e mais do que demonstrada que se estabelece entre os países produtores de droga do sudeste asiático, à América Latina, passando pela própria América do Norte, as rotas do transporte e comercialização, as vendas pertencentes às máfias americanas, europeias e asiáticas, todas elas interligadas, à conexão íntima entre o financiamento destas máfias, o financiamento de instituições terroristas actuantes e o branqueamento de capitais, designadamente estabelecido através de paraísos fiscais cujas conexões são, igualmente, por demais conhecidas. Por outro lado, fica também mais do que evidente, que se mantém uma correlação entre a produção da matéria-prima das drogas e a esfera de influências controlada por entidades adversárias à super-potência directora dominante e ao antigo Primeiro Mundo. Refiro-me, designadamente, à China e as suas periferias, a Rússia, a alguns países islamitas predominantes, aos tradicionais países da América Latina. Ou seja, pouco se alterou, neste particular, com o fim da "guerra fria". Bem pelo contrário houve, em muitos casos uma renovação e um agravamento da própria situação. A título de exemplo, direi que as metanfetaminas, que são drogas sintéticas modernas, têm como origem principal, no século XXI, a China (50%) e a Birmânia Myanmar (43%). A maioria do tráfico destas metanfetaminas destina-se ao mercado norte-americano e europeu.

O terrorismo na Colômbia, no Peru, no Paraguai, na Birmânia Myanmar, no Afeganistão, na Caxemira, no Sri Lanca, no Uzebequistão, na

Irlanda, em Espanha, no Líbano, no Curdistão, por exemplo, estão directa e comprovadamente ligados ao narco-tráfico ou a financiamentos com verbas dessas proveniências.

No Afeganistão, por exemplo, também a guerrilha taliban está envolvida e beneficia directamente do comércio de cerca de dois terços de toda a heroína mundial. Os terroristas controlam mais de 90% das plantações da papoila que produz a matéria-prima para tal droga. Os rendimentos desta produção financiam não só o seu próprio movimento como os movimentos islâmicos terroristas que funcionam no Uzebequistão e na Tchechénia. A própria Al-Qaeda tem financiamentos desta proveniência, como retribuição pela protecção das rotas que estão a seu cargo. O mesmo acontece no México, na Colômbia, no Peru. Vale a pena a repetir a consabida ligação das Forças Armadas Revolucionárias da Colômbia e do Exército de Libertação Nacional ao narcotráfico uma vez que até têm o território dividido para o efeito. No Peru, o Sendero Luminoso está intimamente ligado com a produção e comercialização da cocaína. Na Turquia o Partido dos Trabalhadores do Curdistão é financiado por dar protecção a toda a cadeia de produção e comercialização da droga. Na "Birmânia" uma só organização terrorista inclui mais de uma dezena e meia de milhar de combatentes armados para igual actividade. Das 70.000 crianças-soldados do Myanmar uma parte substancial está alocada a esta actividade.

Tudo isto consta de relatórios sobejamente conhecidos e divulgados. Trata-se de um problema de muito difícil solução, uma vez que os interesses financeiros em torno deste negócio são imensos, e, que inexoravelmente contam com agentes colocados ao mais alto nível quer nos próprios países produtores, quer nos das rotas dos traficantes e nos dos consumidores. Em todo caso, no que toca à segurança, é fundamental investir em dois campos prioritários:

– na acção de formação permanente de massas a nível dos mercados consumidores, pondo fim a uma lógica liberal e individualista;
– na origem e nos circuitos económico-financeiros, rompendo a unidade entre a produção e o financiamento das actividades terroristas e subversivas.

Naturalmente que tal actividade envolve a necessária cooperação entre as maiores potências e envolve também, todo um grande programa de reformulação e de alternativa para os agentes envolvidos, designadamente os produtores.

6.6. O complexo militar-industrial e "o regresso às armas"

Desde há várias dezenas anos que existe uma abundante literatura de pendor anti-Ocidental, que nos fala do complexo militar-industrial, como sendo uma enorme rede de empresas industriais e comerciais que vivem em torno da produção e da comercialização do armamento. Esta rede, seria, em certa medida, uma das causas da proliferação dos conflitos nacionais e internacionais que se propagaram e propagam no mundo, sobretudo a partir do final da Segunda Grande Guerra Mundial, uma vez que constituem um poderoso *lobby* que, em articulação com Governos e com movimentos subversivos, promovem efectivamente o tráfico de armas. Passando do nível dos princípios gerais para a quantificação e a análise científica do assunto, recomendo, para este fim, a leitura da obra de do professor doutor José Manuel Rolo "O Regresso Às Armas – Tendências das Indústrias da Defesa" (edições Cosmos, Lisboa 2006). Aí estão claramente expressos em termos quantitativos, quer absolutos quer relativos, os valores afectados pelos orçamentos de Estado às despesas militares. Gostaria de ressaltar que a ideia generalizada sobre o abaixamento brusco dos orçamentos relativos à Defesa que se teria processado entre 1989 e final do século é apenas parcialmente verdadeira. Assim, se é verdade que em países tão importantes como a Rússia, a África do Sul, os Estados Unidos da América, o Reino Unido e a França se notou, nesse decénio, um decréscimo da despesa orçamentada que oscila entre os 91% e os 10%, pela ordem descrita, também é verdade que para mesmo período de tempo, a China aumentou o seu orçamento em 84%, a India em 28%, o Paquistão em 10% e o Japão em 9%. Por outro lado refere, o autor, que as despesas militares mundiais "retomaram a sua tendência ascendente de uma forma consistente e aparentemente irreversível. Entre 2000 e 2003 evoluiram a uma taxa média anual de cerca de 6% e em 2003 atingiram o valor de 879 biliões de dólares calculados a preços e taxas de câmbio constantes de 2000." (obra citada, página 69). É também de particular interesse perceber a apetência e o esforço de investimento que a China coloca na aquisição de tecnologia militar de última geração, altamente sofisticada e em constante actualização. Chamo a atenção do leitor para os quadros das páginas 94, 95 e 96 dessa obra, relativos à evolução das despesas militares mundiais quer por organizações e grupos de países, quer por regiões, quer pela principalidade em termos de despesas militares, definindo-se, assim, uma prioridade e uma escala de relevância em termos internacionais. Igualmente importante é a informação sobre as indústrias da Defesa, o tipo de armamento disponível, a natureza dos arsenais, a origem da produção e da venda de armas, o comércio internacional de armamento em termos de fornecedores, de beneficiários e de compradores. Evidentemente que, não sendo esta uma temática central para o presente estudo, não pode deixar de ser tida em consideração, sobretudo no que compreende o tal sistema de causalidade circular de que falava no início deste ponto. Efectivamente a própria existência deste importantíssimo sector e *lobby* de negócio internacional, obriga à existência de experimentação em teatro de operações concreto, portando à manutenção e criação de conflitos e ameaças que justifiquem, sobretudo para as democracias, mas em termos genéricos para qualquer opinião pública hoje em dia incontornável, a afectação dos montantes gigantescos que aqui estão expressos em termos de orçamento de defesa.

7. O CONTRA-TERRORISMO

O contra-terrorismo compreende um conjunto de actividades e de políticas integradas que visam combater o terrorismo e a ameaça terrorista. Não valerá a pena perder tempo na justificação da sua urgência, nos tempos que correm, desempenhando claramente o fim de Segurança que justifica o próprio Estado, como também, no conceito mais alargado, o próprio fim de Justiça a ele atribuído. Vejamos, pois, o que compreende actualmente o universo do contra-terrorismo. Em primeiro lugar está a prevenção. Em segundo aparece a preparação e a informação da Sociedade em geral sobre e para o terrorismo, bem como para o conjunto de medidas, difíceis e de popularidade muito duvidosa, que se tornam imperativas perante tal ameaça e fenómeno universal. Em terceiro surge, inexoravelmente, a repressão e punição do próprio terrorismo.

No que toca à prevenção, é óbvio que o Estado precisa de ampliar, quer isoladamente quer associadamente, uma política de informações para a segurança. As informações de segurança compreendem, mais teórica do que praticamente, o domínio interno e o domínio estratégico, isto é as áreas mais ligadas à segurança pública do nível doméstico dos Estados, ou as mais ligadas à Defesa e portanto a um conceito alargado de forças armadas, respectivamente. Em qualquer dos casos, as fronteiras destes sectores vão-se esbatendo cada vez mais, sobretudo pela internacionalização crescente da vida social, pelo avanço da globalização à escala mundial, e pela crescente sofisticação que a própria actividade terrorista e as ameaças a ela inerentes têm perspectivado nos últimos tempos.

Várias polémicas têm surgido em torno de um novo "contrato social" ou seja de um novo equilíbrio que é preciso aceitar e determinar, a estabelecer entre os direitos fundamentais do cidadão (direitos, liberdades e garantias clássicas atribuídas pelas democracias pluralistas e liberais) e por outro as necessidades da segurança colectiva na qual fica compreendida a segurança do próprio indivíduo e que obrigam a um esforço de intensificação e alargamento do âmbito das informações, invasivo de sectores da vida privada inclusivamente, outrora considerados como totalmente alheios ao Estado democrático e liberal e, portanto, classificados como sendo da reserva da intimidade de cada cidadão. Esta tensão está a ser, parece que inexoravelmente, resolvida contra a tal esfera privada da vida de cada um, em favor da garantia da segurança colectiva possível. Aquilo que era impensável há poucas décadas e que consiste no cruzamento geral de dados disponíveis sobre os cidadãos, contidos nas várias bases informativas específicas que lhes dizem respeito, em geral reservadas ou confidenciais (registo criminal, registo civil, registos clínicos e de saúde, registos fiscais, registos de natureza administrativa, registos de emissão de documentos públicos, registos de transportes e de comunicações, registo de Educação, a título de mero exemplo), cruzamento esse que chegou a ter proibição a nível constitucional e legal, é hoje um imperativo para garantir o controlo permanente e actualizado sobre os indivíduos, e, em especial sobre aqueles que prevaricam ou se estime que o possam fazer. É óbvio que quando se estreita a malha da rede de pesca, se vai apanhar peixe miúdo que outrora escaparia sem problema, como se vão detectar "patologias" a título de efeitos colaterais, fora dos objectivos estritos previamente definidos.

Ou seja: vamos inexoravelmente ter que viver com um "big brother" cada vez maior.

Em segundo lugar é preciso preparar as populações civis (e obviamente parte-se do princípio que as populações militares e de segurança já estão preparadas, por definição) para uma nova época em que o terrorismo constitui uma ameaça permanente. O terrorismo indiscriminado visa o medo colectivo e portanto não escolhe vítimas, não escolhe momentos, não escolhe pessoas nem lugares. O objectivo primordial é dobrar o poder pelo medo da população em geral. Precisa da Comunicação social para viver e tem necessidade de um sistema de massas e de multidões urbanas, típicas da sociedade pós-industrial dos finais do século XX, para ter êxito. O Estado não pode mais continuar a oferecer esta vítima colectiva tão adequada aos terroristas. Pelo contrário o Estado tem, por imperativo de sobrevivência, que recondicionar os seus cidadãos e as populações que nele vivem no sentido de reagir a esta ameaça de uma forma permanente e eficaz. Por outro lado, a velha lógica comercial dos média não pode ser mantida no âmbito de uma guerra (porque de uma guerra se trata) desta natureza. Aqui é preciso igualmente um novo acordo de regime. Ou seja, o segundo momento é o de criar uma acção psicológica geral suficientemente eficaz que prepare as populações para um tempo de guerra prolongada com esta natureza especial. Sobre isto quase nada se tem feito.

A terceira questão diz respeito à retaliação. Não chega, naturalmente, agravar o quadro de molduras penais com que os crimes de terrorismo e afins são castigados. Nem basta criar instâncias gerais internacionais que abranjam estes crimes. É preciso ir mais além.

Uma das soluções utilizadas quer pelos Estados Unidos, quer pela Rússia, quer por Israel, por exemplo e com êxito indiscutível, é o da guerra preventiva e o da guerra punitiva. Ou seja: perante a existência de um grupo terrorista suficientemente estruturado e sediado num Estado que lhe dá protecção a título de "santuário", nem que seja por incapacidade de contrariar tal abrigo, torna-se necessária uma medida pró-activa de combate a esse enquadramento através de acções de natureza militar ou para-militar, que cabem na designação de guerra limitada ou cirúrgica.

Evidentemente que muitas dessas acções contra-terroristas são classificadas de terrorismo de Estado, uma vez que utilizam métodos semelhantes aos utilizados pelos próprios terroristas e visam, designadamente, criar o pânico nas hostes terroristas e em aqueles que os apoiam (veja-se a importância que assumiu a guerra psicológica no combate das forças armadas israelitas contra o Hezbolah na "crise do Médio Oriente" de Julho/Agosto de 2006), bem como ao destruir os equipamentos e armamentos utilizáveis por esse tipo de organizações.

Em síntese é o que se pode resumir de mais importante sobre o assunto. Mas, convenhamos, que se trata de uma nova época, por força de cujas circunstâncias que acabámos de referir, se interfere na liberdade dos cidadãos, se afecta negativamente e sobretudo de facto, uma parte dos seus direitos, para a protecção de outra parte, se diminui a qualidade vida outrora paradigmática da burguesia dominante da sociedade ocidental.

O efeito mais nefasto de toda esta reacção acaba por ser um efeito colateral: os poderes públicos terão, por força, destas necessidades cada vez maior ingerência e tutela (e portanto poder de formatação) sobre as vidas individuais dos cidadãos. Deixou da haver redutos impenetráveis aos olhos públicos no que toca a segurança colectiva. Todos estamos mobilizados à força e todos estamos vulneráveis quer em relação aos malfeitores quer ao Estado ou às organizações públicas que tenham que o ajudar ou substituir nessa tarefa de segurança.

7.0. O anti-terrorismo na União Europeia

Na excelente revista de grande informação "Segurança Defesa" cujo primeiro número apareceu em Novembro de 2006, verificamos o justo destaque dado ao artigo de Luís Tomé, intitulado "4-4-4: a estratégia anti-terrorista da União Europeia" (pág. 25 e ss.). Naturalmente que remetemos o leitor atento para esta magnífica, síntese, da qual ressaltamos:

- a estratégia anti-terrorista da União Europeia baseia-se em quatro vertentes a saber: "prevenir, proteger, perseguir e responder".
- esta estratégia está subordinada a um compromisso igualmente estratégico que é o de combater o terrorismo em todo mundo, respeitando os direitos humanos, com vista tornar a Europa mais segura para todos os cidadãos, dentro do seu modelo civilizacional.
- a estratégia de "prevenção" baseia-se na definição de abordagens comuns para detectar os comportamentos de risco, designadamente a utilização a criminosa da Internet.
Visa, ainda, impedir ou dificultar o recrutamento em meios propícios para isso, ampliar a comunidade de informações, designadamente estabelecer uma política de diálogo com os Média, governar melhor e educar melhor, estabelecendo meios de assistência no âmbito e intra-comunitário, desenvolver o diálogo inter-cultural na União Europeia, combater os problemas directamente e sem rodeios, enfim, partilhar informações e experiências.
- a vertente "proteger" impõe melhorar a segurança dos passaportes da União Europeia com a introdução de dados biométricos, bem como um sistema de informações sobre vistos, melhorar a análise risco nas fronteiras externas da União, implementar medidas comuns de segurança da Aviação Civil e marítima, programar, em termos europeus a protecção de infra-estruturas vitais, melhorar a informação e investigação no seio da mesma União;
- na vertente "perseguir" as prioridades vão para o reforço das capacidades nacionais da luta contra o terrorismo, explorar ao máximo as potencialidades da Europol e da Eurojust, reconhecer as deci-

sões judiciais reciprocamente, ratificar em conjunto tratados e convenções internacionais para melhorar o Estado deste objectivo, disponibilizar informação em matéria da aplicação da lei, dificultar ao máximo o acesso dos terroristas aos materiais que sirvam de componentes às suas actuações subversivas, resolver as questões do financiamento dos terroristas com vista a impedir a sua utilização dos sistemas acessíveis na União Europeia, prestar assistência técnica a países prioritários.

Ao nível da prioridade da vertente "responder" visa-se a aprovação, no seio da União, de dispositivos coordenação para casos críticos, a revisão da legislação relativa à protecção civil no âmbito comunitário, estudar análise de risco para implementar a capacidade de resposta a atentados, implementar a coordenação com organizações internacionais para os efeitos da gestão de crises de catástrofes, e melhorar a resposta em matéria de assistência às vitimas do terrorismo e suas famílias.

Este estudo, mostra, de forma exemplar, o alcance completo de uma política anti-terrorista de países vítimas, desenvolvido ou de uma Confederação defensiva avançada. Como moldura de actuação, para o tempo presente, parece exemplar. A questão central é sempre mesma: saber da vontade política dos Estados membros para ultrapassar os entraves burocráticos e as corporações nacionais, de espírito mais redutor, com vista uma melhoria efectiva e rápida (porque o assunto assim o exige) da resposta ao problema que a todos os europeus importa.

7.1. Erros sistemáticos na resolução do problema do terrorismo e do crime organizado

Primeiro – *Combater os efeitos e não combater as causas*

Um dos erros mais típicos de todas as políticas públicas de combate ao crime organizado transnacional e à subversão política, pode resumir-se na epígrafe deste número: as soluções passam invariavelmente, pelo combate às consequências, isto é aos efeitos e, muito mais raramente, às respectivas causas. A seguir a cada acto escandalosa e publicamente violento de terrorismo transnacional ou à divulgação de um macro-crime organizado de âmbito idêntico, o poder político, qualquer poder político que se relacionar directamente com a ocorrência, cria uma nova agência, contrata novos agentes, alarga as prisões, institui novas molduras penais para agravar os crimes em presença. Ou seja, descansa os eleitorados e as multidões em geral, com um reforço quantitativo das instituições de repressão. Naturalmente que não estou pôr em causa a necessidade de aumentar a malha a repressiva nestas circunstâncias. Mas os Estados democráticos estão auto-limitados com assintotas e limites no que toca à possibilidade de escalada da repressão legal e por isso aumentam, em quantidade, as formas de repressão consentida, que por muito aparato que tenham, são geralmente de natureza "soft".Não podemos poder esperar resolver uma crise existencial desta natureza e dimensão com balas de borracha. Mas o figurino em vigor tem sido este: mais "inteligence" e mais balas de borracha.

Segundo *– O divórcio entre a comunidade repressiva e a sociedade em geral*

Um dos corolários mais perversos desta política, resulta do agravamento do fosso existente entre a comunidade repressiva, ou seja as pessoas que fisicamente constituem o desempenho activo visível dos instrumentos repressão (polícias, juizes, magistrados do Ministério Público, agentes da segurança geral contratados pelo serviço público) e os contribuintes desarmados. Efectivamente quem manda, mantém uma regra clássica que vem da origem do contratualismo iluminista que é a de que toda a repressão legal pertence exclusivamente ao próprio Estado e que, para terminar com o estádio de natureza, dito também de selvajaria, e com a lei do mais forte, se impunha concentrar neste, não só o fim de Segurança, como também o fim de Justiça e por conseguinte, o domínio da esmagadora maioria da repressão legal, ressalvando-se, a cada vez mais diminuta faixa da legítima defesa, nas mãos do cidadão comum. Este paradigma, conjugado com o efeito já referido de resolver cada situação crítica com uma ampliação quantitativa dos agentes repressão do Estado, bem como das próprias molduras penais, faz com que a opinião pública e os cidadãos em geral identifiquem, reiteradamente, ao longo das sucessivas crises, que se esses novos investimentos, medidas agravadas e complexos mecanismos não resolveram (como não resolvem, de facto), os casos dramáticos subsequentes. E não atribuem a responsabilidade nem a culpa aos políticos, que gastam energias e meios públicos na ampliação desse aparelho, mas aos próprios agentes em si, que se mostram incapazes de desempenhar a

Função Pública de Segurança na qual estão a exclusivamente investidos. A reacção simples não se deixa esperar: críticas ao sistema de Justiça, ao sistema prisional, ao sistema policial e assim por diante.

Dentro deste item é de incluir outro erro sistemático que é o de considerar que o problema do contra-terrorismo é um assunto do foro próprio dos especialistas, civis e militares, do Estado e não da população em geral. Confundir a competência técnica e a responsabilidade institucional com o não envolvimento dos destinatários do terror, significa perder uma alavanca fundamental para derrotar esta ameaça. A população em geral não deve ser confinada a uma passividade total de espectador-vítima. Pelo contrário, deve ser envolvida como actor e como participante activo no combate a desenvolver. Por outro lado, deve ser treinada para reagir da melhor maneira possível ao ambiente e á ameaça permanentes.

O Estado burguês, democrático, liberal e capitalista não dá mostras de querer alterar substantivamente este quadro de coisas. Pelo contrário, insiste nesta formatação. E assim, pela ineficácia e inoperância final do investimento feito, se vão criando duas conclusões a nível da opinião pública: a primeira já indicada; a segunda é bem pior: uma situação de impotência perante o medo e perante a ameaça concreta que a subversão ou crime transnacional determinam. Esta conclusão de invencibilidade do inimigo é primeira condição segura para a derrota final. Para a nossa derrota.

Terceiro – *A irrelevância com que são tratadas a "quinta coluna" e a retaguarda em geral*

Se lermos a muito desactualizada, muito precursora e muito completa obra sobre subversão e contra-subversão da autoria do falecido coronel Hermes de Oliveira, verificaremos a importância excepcional que ele atribui à opinião pública, à retaguarda, à acção psicológica em geral.

É claro que se tratava do contexto português no âmbito da guerra então dita do ultramar, e, por conseguinte, no contexto de um Estado razoavelmente totalitário e monista. Portanto, a decisão política de controlar os meios de Comunicação Social num determinado sentido de acção e de omissão, bem como de desenvolver campanhas internas, a nível da retaguarda, de acção psicológica sobre as populações, no propósito de as preparar para o combate e para a vitória, bem como a de levar a campo uma acção psicológica junto dos combatentes e do próprio inimigo, com vista a valorizar a acção destes e diminuir a capacidade daqueles, era tarefa bem mais fácil e bem mais eficaz. Hoje é impensável actuar da mesma maneira. Mas daí a desistir completamente deste sector é garantir ao inimigo uma vantagem táctica decisiva. A prevenção do crime organizado, do terrorismo e o combate aos mesmos, precisa de uma mudança qualitativa fundamental e que passa pelo empenho activo das populações ofendidas ou potencialmente vítimas, na denúncia, controle e intervenção, a vários níveis, com vista a fazer abortar, nas suas fases preliminares, que em ambos os casos são sempre alongadas, a acção prevaricadora em curso. Ou seja, é preciso redefinir o ensino e a preparação didáctica das populações, ministrar conhecimentos de formação e acção cívica e de alguma formação técnica, para a mobilização geral de todos, uma vez que indistintamente são ou podem ser vítimas potenciais das referidas acções criminosas e subversivas. A Suiça na área de *Security* e o Japão na área da *Safety* fornecem bons exemplos para o efeito.

Mais delicada ainda, é a necessidade que Estado tem de, à semelhança do que acontece em tempos guerra, pactuar com a comunicação social no sentido de envolver os Média no combate estes dois flagelos e de os retirar do seu serviço, como até aqui têm efectivamente operado, por uma questão de marketing e de vendas. Bem sabemos que há valores contraditórios em jogo, direitos e deveres profissionais a defender, mas esta questão é de tal modo crucial que tem de ser resolvida quanto antes, sob pena de agravar decisivamente os esforços desenvolvidos por outras vias de solução.

7.2. Criminalidade organizada e terrorismo

A ligação entre a criminalidade organizada a nível transnacional e o terrorismo contemporâneo estão há muito estabelecidas e é redundante voltar a demonstrar a sua mais do que provada ligação umbilical. Já anteriormente neste texto o assunto foi referido, mas há muito que o tema é debatido sobre certezas. Remeto os leitores para a minha tese de doutoramento de 1986 "A Subversão do Estado", onde, ainda antes do final da "guerra fria", se expôs não só a ligação transversal das organizações terroristas então actuantes a nível interno e internacional, muitas delas ainda hoje existentes, como também a sua ligação ao crime organizado, embora algumas delas já sejam hoje, pactuantes com os governos legitimamente instituídos e outras tenham acedido ao próprio Governo, como aconteceu no caso da Palestina. A questão central, não é pois, denunciar que há também uma inter-ligação horizontal, estabelecida entre as várias organizações terroristas, ainda que de finalidade supostamente distinta (a ETA e o IRA são organizações terroristas de âmbito separatista e nacionalista, a Al-Qaeda é uma organização terrorista transnacional de natureza religiosa, o que não as impede de contactarem reciprocamente) mas sim, de providenciar no sentido de impedir ou dificultar tais contactos, começando pela divulgação, publicitação e denúncia pública sistemática dos dados que existem sobre o assunto. Infelizmente já chegamos ao ponto de concretização da profecia do Professor Adriano Moreira sobre o poder errático que "tende a dobrar a vontade dos Estados, numa primeira fase e a conquistar o poder", numa fase subsequente.

Por outro lado, é por demais consabido que existe uma estreita ligação entre o financiamento providenciado pelo crime organizado a nível transnacional e as organizações terroristas. Tendo-se tornado mais difícil para os Estados-santuário apoiar financeiramente, de forma suficiente e continuada, as actividades terroristas das organizações que albergam, sobretudo quando actuam no seu exterior longínquo, a nível internacional, tornou-se imperioso para tais organizações, encontrar fontes de financiamento que permitam a sustentação das dispendiosas actividades que levam a cabo. E é esta uma das motivações pela qual se estabelece tal articulação com o crime organizado transnacional. Mas não é este o único motivo: em certa medida estas organizações criminosas transnacionais prosseguem a agressão complementar e concomitante no mesmo sentido que os países de ideologia comunista instalaram e praticavam durante "guerra fria": vencer o inimigo na própria retaguarda e, se possível, utilizando os seus próprios meios. Desta feita torna-se estrategicamente importante uma articulação entre a subversão terrorista e a macro-organização da produção, tráfico e comercialização de drogas e estupefacientes em especial bem como o branqueamento do dinheiro daí decorrente. São aliados naturais! E esta circunstância, que é do conhecimento dos governos dos Estados--vítimas, e, naturalmente também, porque em primeiro lugar, dos serviços de informação que para eles actuam, deveria conduzir a um empenho concertado à escala internacional, desses mesmos Estados e dos seus aliados, no sentido de criminalizar formalmente, de perseguir e de levar à Justiça internacional e interna, as actividades criminosas sem as quais tal macro--organização criminal e consequentemente, tal articulação com o terrorismo, se torna impossível. Pondo o discurso numa forma mais plana: se a actividade produtiva ilegal de substâncias que apenas servem para a elaboração de droga, por exemplo, for internacionalmente punida e perseguida, estabelece-se a montante deste processo, uma barreira que dificulta, a jusante, tal financiamento. Eis uma nova "guerra justa"!

Infelizmente, os governos ocidentais e aqueles que são sistematicamente agredidos como alvo prioritário pelo terrorismo internacional, primam reiteradamente, pela repetição do mesmo erro sistemático: combater demoradamente os efeitos e ignorar ou descurar o combate das causas primeiras. Impõe-se, na questão da criminalidade transnacional, controlar na origem e a partir dela, três importantes actividades, o que deveriam corresponder a um esforço prioritário:

A) A criminalização e perseguição sistemática e selectiva, a nível internacional, da produção das matérias-primas conducentes ao fabrico de estupefacientes e substâncias psicotrópicas ilegais. Tal criminalização da produção, deveria naturalmente, levar à possibilidade de intervenções internacionalmente tuteladas, no sentido de garantir a eliminação física e sistemática de tais produções, ou na impossibilidade de tal política, o tratamento distintivo da oferta de estupefacientes em função de objectivos estratégicos.

B) A "nacionalização" efectiva e a concertação conjuntural do comércio internacional de armamento.

C) O controle internacionalmente concertado, selectivo e uma criminalização reforçada da "lavagem de dinheiro" com destino ao financiamento de organizações criminosas internacionais e, sobretudo, a organizações terroristas. Por muito politicamente incorrecto que seja ter um quadro distintivo para os sistemas de "lavagem de dinheiro e branqueamento de capitais" em função do destino, impõe-se uma moldura agravada quando o objectivo dessa já por si ilícita e criminosa actividade, se organize em função daqueles propósitos.

D) A promoção, junto dos países dependentes destas actividades para a sua viabilidade económico-financeira, de alternativas sustentadas, em contrapartida da eliminação das condições de continuidade de tais actividades criminosas que se impedem.

Como sabemos, há que começar por tipificar os factos que conduzem ao ilícito culposo, quer por acção quer por omissão, definir os perigos e as lesões de bens protegidos pelas ordens jurídicas, definir as penas e, como se dizia nos meus tempos estudante de Direito Criminal, estabelecer as agravantes e as atenuantes. Estas matérias cabem, naturalmente aos juristas, mas a sua concertação a nível internacional deve obedecer a um esforço de diplomacia activa rigorosa e empenhada, com vista a não se perderem oportunidades exemplares de punição, por força de ambiguidades técnicas de interpretação ou de menos clareza nos conceitos (e portanto nos propósitos). Também, estão suficientemente tratadas em termos teóricos e formais as definições e conceitos de organizações criminosas. O próprio artigo K3 do Tratado da União Europeia estabelece uma noção para o efeito. Em todo o caso, em termos sociológicos e politológicos, é preciso reconhecer que a globalização e a eficácia dela decorrente, no que toca à transnacionalização das organizações criminosas e do terrorismo, detêm clara vantagem na iniciativa estratégica. Os Estados, ainda divididos, têm tido sobretudo uma atitude reactiva perante os factos consumados. Impõe-se uma mudança de situações e isto começa pela transnacionalização das instituições, das respostas e do próprio combate organizado.

7.3. **Alterações no terrorismo transnacional**

A data de 11 de Setembro de 2001 fica para a História como o início formal da guerra do e contra o terrorismo. Não que anteriormente fossem indiferentes ou inexistentes os ataques terroristas de grande dimensão, mas porque para haver uma guerra são necessárias pelo menos duas forças em confronto, dois beligerantes e essa circunstância nasce, efectivamente, nessa fatídica data.

Desde então muito se andou no combate ao terrorismo, designadamente no que não é visível aos olhos dos cidadãos comuns. Os serviços de informação e inteligência aperfeiçoaram-se e estreitaram os seus relacionamentos, a vigilância sofisticou-se, a retaliação desempenhou um papel importante na desarticulação dos movimentos terroristas transnacionais e na liberdade com que operavam na cena aberta. Os Estados levaram a sério os prejuízos do ciberterrorismo e investiram activamente na valorização constante das respectivas contra-medidas.

Evidentemente que houve uma reacção de adaptação da parte desses mesmos movimentos terroristas e que é de diversa natureza.

Em termos gerais podem-se notar várias tendências de transformação na adaptação da agressão terrorista transnacional, a saber:

- uma maior flexibilização e independência estratégica das células terroristas no terreno, conforme já tivemos ocasião de explicar de forma mais detalhada;.
- "um recrutamento acelerado, (de agentes terroristas) segundo James Jay Carafano (in Primeira Conferência Portuguesa de Homeland Security, 2 e 3 de Maio de 2006, página 10).
- "uma transição para alvos mais fáceis" (idem, ibidem).
- "o incitamento a grupos dispersos para lançar ataques em toda a África, Ásia e Médio Oriente" (idem, ibidem).

Estas circunstâncias de adaptação, levam à conclusão de que o ataque de resposta dos agredidos à ameaça terrorista consegue êxitos apreciáveis. No entanto, a prioridade que este tema tem no próximo futuro, deve levar a um esforço redobrado de inter-conexão de informações, de formação, e de actuações no terreno, explorando novas formas de eficácia colectiva, que não podem prescindir de acções repressivas enérgicas e mesmo violentas, como meio dissuasor indispensável.

Um dos aspectos a tratar pelos Governos em relação aos respectivos eleitorados é o de estabelecer uma reformulação do "contrato social", no sentido de uma nova formatação de prioridades que envolvem os Direitos, Liberdades e garantias dos cidadão e uma nova postura concomitante relativamente às corporações da Defesa, Segurança e de Justiça.

8. O NOVO CICLO DA FÉ

A fé é algo de inexplicável. A religião cristã admite, se bem me parece, uma explicação neo-platónica que não deixa de ser acolhedora: a alma foi criada por Deus e no momento instantâneo da sua criação confrontou-se com a Luz da divindade e, portanto, gravou no mais íntimo do seu ser uma primeira e maior, mas mais profunda inscrição que a vai atrair, permanentemente, apesar da sua liberdade que é respeitada pelo Criador, para o Belo, para a Justiça para a Verdade, para a Força omnipotente que, no fim e ao cabo, só existem plenamente nesse mesmo Criador, que é Aquele que É, segundo um auto-retrato soberano do próprio Deus.

Quem tem esta fé sabe que é assim. Para efeitos do discurso admitamos, apenas, que sim. Em todo o caso, a liberdade humana funciona de uma forma muito mais autónoma e vinculativa do que essa centelha íntima, ao ponto de a poder encobrir completamente. E assim teríamos, como temos, todas as opções em aberto.

A visão de Augusto Comte conhecida como a "lei dos três estados" peca por ser unilinear. Ou seja, a sequência dos estádios corresponde, efectivamente a uma sequência histórica (estado teológico, estado metafísico e estado científico). Só que, e isso Comte não teve tempo de perceber, funcionam em circuito fechado, faltando-lhe a ideia fundamental da recorrência, como está em Vico ou a de completar o ciclo, como decorre de Platão. Em termos de ideias existe um ciclo perfeito de causalidade circular. Ao nível dos factos, as fases interpenetram-se, tornando o fenómeno menos perceptível ao comum dos mortais.

Figuração dos Ciclos das Ideologias
Tendência geral

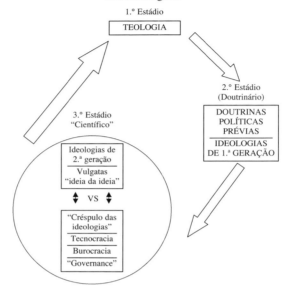

Microciclo das Ideologias adaptado ao Magrebe e Machareque

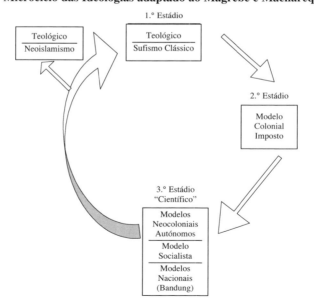

Em termos de realidade histórica é impossível apregoar que tenham existido momentos de absoluta exclusividade de uma destas concepções. Mais apropriadamente, poderemos considerar que em determinadas civilizações e dentro de determinadas culturas existiu, isso sim, uma tendência dominante quer de um ponto de vista estatístico ou sociológico quer, e este é o que mais nos interessa numa lógica de Ciência Política, de um ponto de vista de formatação do Direito e do Estado. Nesse caso, escusado é uma delas ser estatisticamente maioritária; basta corresponder aos interesses instalados da classe dominante e o mesmo é dizer à ideologia da oligarquia que configura e gere o Estado e os seus aparelhos ideológicos e repressivos. Por outro lado, é sempre possível acreditar que em todos os momentos coexistiram todas as interpretações incluídas no esquema circular que ora se apresenta. Mas dificilmente se encontrará na História uma conjuntura como a actual, na qual a interacção dialéctica entre essas concepções tenha uma eficácia mais abrangente, apesar de inconfessada.

Estatisticamente temos uma esmagadora maioria de crentes no mesmo Deus todo poderoso: o somatório mundial de cristãos, muçulmanos e de judeus ultrapassam os 2,5 biliões de seres humanos. Fora deste grupo estão os crentes noutras religiões que se somam igualmente muitas mais centenas de milhões: pensemos nos budistas, nos hindus, nos animistas, e em mais credos e crentes. Todavia em termos ocidentais, e podemos incluir sem esforço no Ocidente a Austrália, a Nova Zelândia, uma parte do Japão, a título de exemplo, a ideologia dominante é um híbrido formado entre as continuidades remanescentes das religiões outrora oficiais (de Estado) e que entretanto se incorporaram na formatação do Direito e do Estado, e um agnosticismo oficial, correspondente ao laicismo teórico do Estado, articulado com uma prática que cada vez mais é ateia, uma vez que persegue a intromissão dos cultos no quotidiano, agora em termos formais, mas que por outro lado exibe toda uma protecção jurídica do pluralismo religioso a par do pluralismo político, em concertação com escala habitual dos direitos liberdades e garantias do cidadão que desde a constituição de Filadélfia se tem espalhado, numa dimensão de alastramento cósmico, como uma correcção política de tal forma apregoada que se torna materialmente imprudente contrariar.

O paradoxo é, pois, este: a maioria da Humanidade é religiosa ou crente e o poder político efectivo obedece a uma matriz agnóstica ou ateia.

O caso português é paradigmático ao nível da classe política: a maioria dos mais elevados cargos políticos são ocupados por titulares declaradamente agnósticos ou não praticantes religiosos. A grande divulgação modelo do crente não praticante, representa uma vitória do sistema ocidental.

Esta é, efectivamente a situação actual. A vitória do Estado liberal e capitalista, da economia de pensamento único, da globalização, do modelo Ocidental, em suma é a vitória do Estado laico, mas eivado das características que apontei, que se começou a estruturar a partir do Iluminismo, do Racionalismo, do Enciclopedismo, quer pela vertente do Estado liberal de John Locke e, mais tarde, de Adam Smith, quer pela vertente do Estado absoluto de Thomas Hobbes e dos seus sucessores.

Marx ganhou depois de morto: a sua teoria da prevalência da infraestrutura económica sobre o Direito, o Estado (e as restantes superestruturas), a moral dominante e a restante ideologia, provou estar suficientemente certa. Muitas vezes o excesso de prevalência impede ver os pormenores e dificulta a percepção de outros modelos. Como veremos de seguida.

9. PARA UMA TEORIA DA REMUNERAÇÃO INTEGRAL

Na prática, sempre que se fala de remuneração salarial ou de regime de remuneração, estamos a pensar realmente em numerário, ou seja numa determinada importância de dinheiro. Esta constitui, porém, uma visão simplista da realidade. Efectivamente numa sociedade capitalista, de economia de mercado, liberal, virada para o consumo em massa, a retribuição financeira do trabalho ou do desempenho funcional assume, naturalmente, o papel preponderante. Não devemos, por isso de estranhar esta simplista redução sistemática. Os sindicatos discutem geralmente nesta plataforma.

Os técnicos, e aqui vou incluir uma vasta gama de pessoas com formação universitária, superior ou equivalente, vão um pouco mais longe e consideram as remunerações directas bem como as remunerações indirectas. Ou seja ao lado da remuneração financeira compreendem que existe um salário adicional em benefícios de franja (os célebres *"fringe benefits"* traduzidos à letra), como por exemplo acontece com a concessão de "plafonds" em cartões de crédito, com as senhas de combustível, de alimentação, os prémios de desempenho e assim por diante. E normalmente ficaremos por aqui.

Há, todavia, os que vão pouco mais longe e considerem que o tempo também é um elemento de remuneração. Efectivamente desde há muito que ouvimos dizer que "tempo é dinheiro". E é de facto, em todo o sentido. Ou seja, o tempo vale dinheiro em termos financeiros, e isso os bancos sabem-no bem, mas também o tempo constitui um factor de remuneração. Não admira, pois, que nos países menos desenvolvidos, onde as oportunidades de emprego são menores e o mercado do emprego não funciona de uma forma muito activa, tudo isto reflectido na grelha salarial, que o factor tempo enquanto forma de remuneração (muitas vezes auto-

-remuneração) seja acolhido, quase que de uma forma voluntarista, pelo trabalhador em geral. A fórmula mental deste sistema é muito simples: não recebo o suficiente em dinheiro, em espécie e em benefícios colaterais, a remunero-me, pois em tempo disponível para não fazer nada ou para fazer o que me apetecer melhor que não trabalhar. Os sistemas estáticos do funcionalismo público fazem o mesmo.

Menos vulgar ainda, é quem introduza, na componente da remuneração o elemento de estatuto curricular que o desempenho de um determinado cargo pode conceder. Estamos, naturalmente perante dados ainda mais subjectivos do que os anteriores. Mas não há dúvida que o "sentido de missão" que muito dos mais graduados dirigentes de topo do domínio empresarial, demonstram quando que se "sacrificam" para o desempenhar de cargos políticos de topo, só pode ter esta explicação. Trata-se do exercício sempre passageiro de cargos de prestígio com um estatuto raro, que complementa o curriculum de quem já conseguiu a maior parte dos seus intentos financeiros através de outros desempenhos financeiramente muito mais bem remunerados. E é o mesmo mecanismo que faz alterar as designações dos cargos mais baixos do funcionalismo de tarefas socialmente menores para desempenhos equívocos (como "técnico auxiliar de higiene").

Ou seja, existe, sem dúvida, um elemento fundamental para a análise da remuneração numa perspectiva integral, que é o da satisfação do próprio trabalhador ou agente do desempenho e que é, esse sim, de natureza profundamente subjectiva. Há quem se deixe morrer por uma medalha, como há quem trabalha por amor ao próximo, por amor a Deus, por amor à arte e portanto, longe de ser um mero elemento adicional no cômputo da remuneração integral, o elemento de estatuto e o elemento de satisfação pessoal são determinantes e centrais, para lá de um limite natural na teoria do salário, já explicado desde David Ricardo, que é o limite da sobrevivência pessoal.

No que toca ao desempenho de cargos públicos e políticos, esta teoria integral é fundamental. Existe uma certa percepção empírica da mesma que raramente é explicada, mas que se reflecte num entendimento mais ou menos tácito de atribuir fracas remunerações financeiras a cargos públicos de natureza política, quando comparados com cargos de topo da actividade empresarial do sector privado, a que aliás tais agentes políticos têm acesso quando terminadas as suas funções públicas e, dos quais provêm, muitas das vezes, uma grande número de titulares de cargos públicos e políticos.

Tal situação de "vasos comunicantes" só vem à reforçar a percepção da intencionalidade de tal entendimento tácito a que fiz referência.

Estes elementos subjectivos obrigam naturalmente a uma avaliação sócio-antropológica e psicológica-social das remunerações. Este entendimento permite perceber uma parte do empenho dos fundamentalistas nas respectivas campanhas. A percepção dos custos e dos benefícios corresponde sempre a uma equação pessoal. Mas a cultura (e as sub-culturas sobretudo) ajudam a entender os movimentos de conjunto.

E a aplicação desta equação remuneratória integral às comunidades nacionais de Defesa de de Segurança pode suscitar graves apreensões quanto ao cômputo final.

10. A GESTÃO DO SISTEMA

Algumas análises mais impacientes, normalmente oriundas das periferias intelectuais do sistema, têm acusado a gestão do mesmo, de várias insuficiências e defeitos. Os mais importantes seriam classificáveis como de erros de agenda e como de erros de *casting*.

Os erros agenda dizem respeito, sobretudo, às prioridades do sistema. Parece absurdo, por exemplo, que com a tecnologia já disponível e que permite por os automóveis a funcionar a óleo de frituras usado, ou a hidrogénio ou a energia eléctrica e aproveitando a energia solar, se continue a produzir, em esmagadora maioria, veículos movidos a combustíveis fósseis, ou seja com motores hiper-sofisticados, mas que no essencial correspondem à velha tecnologia dos motores de explosão, dependentes em absoluto, do petróleo e dos seus derivados. A resolução deste problema, tecnicamente já possível, em alternativa múltipla, não só tornaria os consumidores e os países menos dependentes do petróleo, bem como se resolveria, desde logo, uma das questões mais graves que afecta a humanidade no que toca à poluição e aos gravíssimos problemas ambientais por ela provocados.

É evidente que tudo isto é assim, mas também é óbvio que não se trata de uma incompetência nem de um desleixo no "agenda setting". Pelo contrário, esta continuidade serve aos interesses instalados que são dominantes e dos quais depende a gestão do sistema. Temos que ter presente a máxima marxista que demonstra que a infra-estrutura económica determina o essencial da superstrutura jurídica e política. Por outro lado, o sistema evoluiu, e adequadamente a esta lógica dominante, para uma alternância de rotativismo de partidos centrais, siameses, com a natureza de *catch all parties*, evoluídos a partir de partidos de massas clássicos, e com um tipo de gestão que se tornou essencialmente idêntica, como similares se tornaram os seus objectivos de agenda. A Terceira Via pura e simplesmente não existe. Ou melhor, a Terceira Via consiste na gestão à esquerda feita pelo partido da direita e na gestão à direita feito partido mais à esquerda, de entre aqueles que estão "autorizados" a rodar no poder, com o beneplácito legitimador das multidões. Ou seja, de novo, a Terceira Via, dentro do sistema, não existe.

No que toca ao *casting*, é vulgar ouvir a queixa sobre a falta de qualidade dos políticos de topo, já para não falar dos restantes políticos. Muitos deles, se não a maioria, seriam meros gestores do sistema, sem rasgos estratégicos, sem uma política alternativa, sem criatividade, sem centelha, como era óbvia em José Estaline ou em Winston Churchill, ou em Kennedy ou em tantos outros que os antecederam.

Ora, mais uma vez, não se trata de um erro de *casting*. Pelo contrário, trata-se duma adequação correcta aos tempos. O sistema não precisa mais do que executivos que cumpram suficientemente a agenda estabelecida pelos interesses dominantes. Não é preciso mais nem menos. A selecção dos governantes, faz-se por cooptação a nível da oligarquia e depois, por legitimação, por via do sufrágio universal. O sistema não pode ser gerido por iluminados, nem por espontâneos, nem por voluntaristas, nem por autocráticos. Muito menos pode aceitar ideólogos. A categoria dos executores políticos de mais alto nível, que já afecta os próprios oficiais generais das Forças Armadas, devem corresponder ao modelo do bom executivo e mais nada. As excepções confirmam a regra.

É claro que o sistema perdeu a iniciativa estratégica, por esta via. Ela cabe, hoje em dia, aos opositores do sistema, aos terroristas, aos adversários, aos que estão fora. Até aqui essa deficiência tem sido gerida, ou melhor, digerida, com a continuidade.

O problema essencial é o problema do *timing*. É que, a perda da capacidade de inovar contra o sistema, e portanto de renovar o sistema por dentro, fez com que ele se limitasse a reagir. As mudanças adaptativas do sistema são sempre reacções às antíteses externas. Dir-se-á que foi sempre assim. Não é verdade. O sistema evoluiu sempre por uma dupla via: por pressão das antíteses externas e por iniciativa estratégica da sua própria liderança.

A redução da evolução do sistema à reacção das iniciativas dos adversários tem conduzido a um conjunto de becos sem saída.

11. PALAVRAS DE CONCLUSÃO

As páginas que antecedem já são de natureza conclusiva. Todavia, parece claro que estamos perante uma época provisória. No início da década de 90 terminou uma "fase definitiva" da História, em que as regras do jogo eram conhecidas e os actores conheciam também os seus papeis. Ainda não alcançamos uma nova definição, nem sequer para os cenários do novo teatro. Hoje em dia nada é evidente. Os mercados financeiros estão como o clima: em permanente mudança, incompreensível e imprevisível. Aparentemente nada é minimamente estável. Basta reparar no que se passa na antiga URSS, na América Latina, na África negra, no mundo islâmico, nos Balcãs, na China, no Industão, na Oceânia. A instabilidade internacional tem directo reflexo na instabilidade das instituições nacionais, qualquer que seja o grau de desenvolvimento do país em apreço. Tudo isto resulta das opções tomadas pelos definidores dos interesses dominantes. Neste momento é duvidoso que esses mesmos interessados se satisfaçam com o evoluir dos acontecimentos por si provocados. Ou seja, este marasmo e indefinição em vivemos convoca uma nova arrumação geopolítica e geoestratégica, económica, demográfica, social e política. E quando assim é, surge um conflito militar de grandes proporções. É a lição dramática da História. Pode ser, todavia, que História, nos seus ensinamentos básicos não se repita. Pessoalmente gostaria de poder acreditar nessa bondade absurda dos novos tempos. Mas nada me encaminha por aí.

Semeamos ventos, colheremos tempestades.

APÊNDICES

I – *Napoleão, a ideologia e a acção política*

1. **A revolução e Napoleão**

Em meu entender o principal e mais completo autor na análise dos processos revolucionários é, sem dúvida, o suíço Phillipe Mottu na sua obra "Revoluções Políticas e Revolução do Homem", conforme já referi em várias obras minhas, em especial no meu manual de Ciência Política – Estudo da Ordem e da Subversão (veja-se na segunda edição a páginas 358 e seguintes). Em síntese, o autor considera que qualquer revolução se desenvolve ao longo de 9 fases sucessivas, a saber: a fase do desafio do crescimento, na qual a classe dirigente do regime estabelecido não encontra respostas adequadas para os desafios colocados pelo progresso tecnológico, científico e económico bem como pelas questões colocadas pelo aumento demográfico e pelas migrações internas e internacionais. Estes desfasamentos geram dificuldades administrativas e financeiras gerais às quais o Governo estabelecido não consegue dar resposta reformista. Eis a origem das crises que geram eventualmente processos subversivos. A segunda etapa é a da vontade de mudança. Forma-se, entretanto o núcleo social empenhado num projeto de rotura, primeiro ao nível das palavras, da propaganda política, da agitação social. Mas existe ainda numa primeira fase, a divisão entre os opositores. Por outro lado os intelectuais manifestam os seu desacordo com o imobilismo do regime e de outro, as camadas sociais menos favorecidas agitam-se de forma a manifestar a sua frustração e o seu descontentamento. Mas da incapacidade manifesta de organização destas oposições resulta a continuidade do Governo estabelecido. Na fase terceira cria-se uma reacção típica: a inoperência do Antigo Regime gera o imobilismo, o qual, por sua vez, se divide, na sua base de apoio, entre os partidários da linha dura, isto é, da repressão e os partidários das reformas suaves. Não interessa tanto qual destas correntes é que ganha a contenda. Interessa sim que a classe dirigente pôs em causa a sua própria legitimidade e portanto a sua própria existência. Nota-se, por outro lado a fuga dos talentos no momento da crise. A quarta fase marca já o início da revolução. O ritmo dos protestos contra a situação aumenta, bem como a propaganda subversiva. O Governo mostra-se incapaz de responder aos ataques que lhe são feitos e reage, não raras vezes, com o abuso da força. Chega-se a uma situação em que qualquer pretexto é bom para o golpe de Estado que leva à rotura. De uma maneira geral o incidente que provoca o fenómeno da rotura é de somenos importância e teria sido resolvido facilmente e sem dificuldade por um regime saudável e reformista. A concretização do golpe é a liquidação do regime antigo e a sua substituição por um outro de natureza diferente. Politicamente entra-se na fase dos conselhos, das reuniões, do expontaneísmo, da reivindicação popular generalizada. Muitos dos apoiantes de outrora, sustentáculos do antigo sistema, mudam de campo, de um dia para outro. Esta é a fase da festa revolucionária. No quinto momento começa o transitório regime dos moderados, no qual se estabelece uma lua-de-mel entre o povo e o novo Governo. As massas encontram-se embevecidas com a facilidade do desmantelamento e da derrocada do Antigo Regime. O primeiro grupo de políticos que toma parte no novo regime saído da revolução é sempre um grupo de moderados. Todavia vão entrar em confronto com o grupo de militantes radicais extremistas que os irão criticar, acusando-os de tentativa de restauracionismo do Antigo Regime e de patrocínio da contra -revolução. Passada a lua-de-mel a que fiz referência, estabelece-se uma prova força entre os extremistas e os moderados em que estes perdem a partida e são obrigados a capitular, saindo para o exílio quando não para a prisão e para o cadafalso. Muitas vezes é neste momento que se cria uma dualidade do poder, frequentemente geradora de uma guerra civil ou da guerra no sentido clássico, quando não mesmo de ambas em simultâneo. A dualidade do poder resulta do prestígio interno e externo dos moderados que controlavam grande parte da máquina formal do poder, em oposição com o populismo dos extremistas que controlam a máquina da propaganda e da insurreição. Entramos na fase seis, na qual a viragem conduz o processo ao extremismo. Com a eliminação dos moderados, muitas vezes por intermédio de um golpe de Estado novo dentro do processo revolucionário, os extremistas tomam conta do poder. Todavia o grupo dos extremistas é sempre demográficamente muito pouco representativo e embora agindo em nome da maioria da população e como seu representante, esquece o princípio de que é perigoso o excesso de intensidade na mobilização das massas exigindo e forçando a sua devoção e disciplina, que por natureza são efémeras e ultrapassam a sua natureza eminentemente conservadora. A minoria extremista que toma conta do poder é maniqueísta na sua concepção do mundo e nos seus procedimentos, convencida de que tem a única fórmula possível de valoração positiva. Não raramente sacrifica a estratégia à táctica. Ao tomar de assalto todos os centros nervosos da sociedade, atropelando a legalidade, a Liberdade, a tolerância que outrora proclamaram, introduz por todo lado métodos autoritários. A ditadura dos revolucionários extremistas gera depurações. Em primeiro lugar dos moderados, depois depurações no seio dos próprios extremistas até reduzir o poder uma facção ortodoxa diminuta. A centralização do poder numa minoria ortodoxa é a característica final da ditadura extremista. Outra das características é a de que, apesar de tudo, se mantém uma estrutura política colegial, uma duplicação das cadeias de comando e os tribunais de excepção. A nova minoria dominante não raras vezes demonstra inexperiência, incompetência, presunção e até mesmo venalidade. A Economia entra em crise, agravam-se a desordem, a arbitrariedade, a incerteza e o medo. Criam-se mercados paralelos, aumentam as carências progressivamente e o Governo acaba por ter uma única prioridade: salvar a revolução. Esta é a porta da entrada para a fase sétima: o reino do terror. Generaliza-se o crime. Generaliza-se o clima de insegurança a todos os níveis. Qualquer pessoa vulgar vê-se obrigada a transformar a sua vida exterior, mesmo que colidindo por sua vida interior. O terror penetra nas vidas privadas das pessoas, impedindo-as de continuar na sua intimidade habitual, o cidadão vulgar atingiu o ponto de saturação relativamente esta situação que considera insuportável. Está um crescente número disposto a sacrifícios, para ver terminado este estado de coisas. O processo revolucionário demonstra uma desconformidade manifesta entre a teoria que o animou e a prática dos governantes extremistas. A ideologia extremista apresenta-se com características de religião ameaçada. Um clima de violência crescente conjuga-se com as pressões estrangeiras e as suas consequências a nível económico e político, com vista a eliminar este caos. A fuga de capitais e de pessoas é maciça e entramos na fase 8.ª à qual o autor chamou a Reacção Thermidor. A população cansada de recear, afasta os extremistas que acabam por ser abatidos do poder, embora a sua máquina política centralizada continue. Esta continuidade propicia o surgimento de um "homem forte" embora, o seu aparecimento, seja precedido de uma fase curta de incerteza e de flutuação do poder. Pouco a pouco desaparecem os tribunais de excepção e a polícia revolucionária, bem como as tropas extremistas são absorvidas ou retiradas da via pública. Surgem novas purgas e novos golpes palacianos e o cidadão vulgar volta à condição de espectador do processo. E inverte-se, agora, a questão dos exílios: são os governantes extremistas que passam à condição de exilados e regressam os antigos proscritos. A revolução entra numa fase mais palaciana. Exteriormente sobra o formalismo revolucionário residual para salvar as aparências. A Economia continua desequilibrada e numa situação que se aproxima do caos, embora a população não se revolte por falta de motivação, de energia e até de meios. Neste momento a maioria da população está decidida e pronta para aceitar um ditador desde que este lhe garanta o pão, a ordem, a segurança e um mínimo de normalidade. O primeiro sinal da nova fase é o regresso da religião oficial ou dominante, integrada nos seus antigos direitos e no seu antigo prestígio. Na fase 9 surge o homem-forte.

2. O homem forte

O aparecimento do chamado homem-forte, a que a Reacção Thermidor inevitavelmente, mais tarde ou mais cedo, conduz, visa, pois, uma reacção geral e profunda contra a indisciplina e a corrupção. O nacionalismo agressivo substitui o espírito missionário da revolução, segundo o autor que venho a referenciar e no Estado restam as cadeias rígidas da ditadura para manter a integridade de uma determinada sociedade política. Voltar a criar um equilíbrio social, em muitos dos processos revolucionários, assume uma fórmula de paralelismo com o Antigo Regime, quando não mesmo da restauração dos procedimentos. Mas não se deve supor aqui que a revolução constitua um círculo fechado. Funciona bem mais parecidamente com uma espiral, o que significa, desde logo, que nunca se volta para trás e que certas conquistas que ela introduziu são relativamente duradouras e resolveram efectivamente problemas reais que se punham à antiga sociedade derrotada. Entretanto criou-se uma nova classe dirigente, ainda que reintegrando alguns dos antigos políticos. A revolução estabeleceu, entretanto, uma nova e grande mudança ao nível do simbólico.

Se repararmos bem, alguma desta explicação já tinha sido apresentada, com uma incontornável genialidade, pelo imortal Platão no século IV antes de Cristo. Assim, este autor estabelece, quanto às formas de Governo, um sistema de classificação de tipo dinâmico (que pode ser visto no dito manual, na sua segunda edição a páginas 487 e ss.) tipicamente idealista porque propõe um regime ideal, cúmulo de todos os elogios mas que não existe e crítica, de uma forma maniqueísta, todos os outros que afinal existem de facto. Em todo o caso Platão entende que o regime dos magistrados ou dos sábios, pode descambar em virtude da própria decadência da Educação, abrindo as portas ao Governo dos militares e este, por sua vez desrespeitando os princípios da sabedoria, abre o caminho à plutocracia pela acumulação de riquezas na mão de poucos e com o desprezo da maioria cada vez maior dos mais pobres e, assim, originando a revolta da multidão que, a seu tempo, toma conta do poder afastando os oligarcas. Mas a multidão é incapaz de gerir a normalidade do quotidiano e dá origem ao caos e à desordem, que por sua vez clama pelo aparecimento de um tirano que vai contar com o cansaço das massas para impor o seu regime que só acabará com a sua morte ou regeneração, fechando-se o círculo num novo Governo de magistrados. Ainda que não totalmente coincidente com o anterior e esquema de Phillipe Mottu, a passagem "Plutocracia → revolta das multidões → Democracia → caos e desordem → aparecimento do um tirano" é, a meu ver, essencialmente coincidente.

A Revolução Francesa resulta do tal fenómeno de incapacidade do Antigo Regime de perceber que o sistema feudal de estamentos ou Estados, nobreza, clero e povo, já não se adequava ao crescimento em dimensão e em capacidade da burguesia francesa. E efectivamente por causa deste Terceiro Estado anacrónico que colocava ao lado do camponês mais miserável, o industrial urbano e o banqueiro desde que não nobilitados, afastando-os, assim, do centro do poder político, conjugado com o êxito da revolução americana patrocinada por militares e filósofos franceses que se gerou, a partir de uma trágica colheita cerealífera no ano de 1788, causadora de inúmeros protestos decorrentes de uma situação de crise alimentar agravada, que as medidas de convocação dos Estados gerais em 1739 que já não reuniam há 175 anos, veio a despoletar o processo revolucionário com a conhecida reunião separada do Terceiro Estado na sala do jogo da Pela reunindo em Assembleia Nacional constituinte. A tomada da Bastilha no dia 14 de Julho desse ano desencadeou o processo, abrindo caminho ao confisco das terras da aristocracia e as reformas que todos conhecemos no domínio da abolição dos privilégios em geral, a criação de um sufrágio censitário e masculino, a Declaração dos Direitos do Homem e do cidadão, mais tarde, a República e às purgas sucessivas das quais as mais conhecidas foram, sem dúvida nenhuma os regicídios de Luís XVI e da rainha Maria Antonieta, ambos decapitados em 1793. O Reino do terror, neste processo revolucionário, resultou de algumas manifestações realistas, designadamente na Vendeia, onde se gerou um verdadeiro extermínio em massa de que hoje não se fala por ser politicamente incorrecto. O Governo extremista da Convenção que durou sobretudo desde o final do ano de 1793 e o final do ano de 1795, alargou as depurações e os assassinatos políticos a membros de topo da própria elite minoritária extremista, designadamente a Danton e Robespierre. O directório veio paulatinamente, pôr fim ao Governo dos extremistas e em virtude das suas vitórias militares, o general Napoleão Bonaparte, aproveitando as clivagens dentro da minoria extremista participa num golpe de Estado em 9 de Novembro de 1799 que o proclamou primeiro consul. Estava assim constituído na categoria de homem forte ou de ditador que deveria levar à transformação do processo revolucionário. E assim foi.

3. Napoleão Bonaparte e a política

Napoleão Bonaparte é sobretudo, conhecido como um génio militar. De facto é na faceta militar que o imperador se consagrou na História da humanidade. Fica, todavia, a questão pendente da definição da sua atitude política e do sistema que o próprio instituiu. Nas minhas lições de Ciência Política incluí Napoleão Bonaparte (1769-1821) como fazendo parte da corrente pessimista relativamente ao fenómeno ideológico, uma vez que os autores desta corrente entendem a ideologia como uma perversidade, uma patologia social sistemática, algo de intrinsecamente mau. Napoleão utilisava a palavra ideólogo como um verdadeiro insulto, na medida em que a esta servia como arma de arremesso contra todos os que criticavam a sua acção política opondo-lhe apenas, um sistema teórico e racional que não fora realizado nem experimentado. É conhecida, por outro lado, a versão da célebre obra de Nicolau Maquiavel "O Príncipe", toda ela anotada e comentada pelo próprio punho do imperador. Maquiavel é, como sabemos todos, um dos principais expoentes da Escola realista e portanto com um tipo de proposições, ainda que politicamente incorrectas, destinadas a funcionar na prática até porque já praticadas por inúmeros poderosos, mas de uma forma inconfessável. (Existe uma tradução em português de "O Príncipe" anotado por Napoleão Bonaparte, editada pelas Publicações Europa-América).

É curiosa a análise que se possa fazer do tipo de anotações e comentários napoleónicos: ou se referem à recusa liminar de um determinado conselho porque comprovadamente não funcionou ou se destinam a afirmar que Napoleão as já tinha posto em prática mesmo antes de elaborar os comentários referenciados. Em resumo temos a fórmula: ou não presta ou eu já o fazia...

Sabemos, por outro lado, que na fase da sua formação académica, as principais leituras que fez, incidiam na área da estratégia militar ou da táctica. Uma parte da sua apetência imperial ficará eventualmente melhor explicada se somarmos o seu amor pela sua terra natal, a Córsega, bem patente nas suas "Cartas sobre a Córsega", e pelos constantes retornos a essa ilha, por um lado e por outro a confrontação que teve com o ditador local quando este quis tornar a ilha num Estado independente.

Napoleão participou, é certo, no clube dos jacobinos, assistindo à progressiva transição da ideologia respectiva que passou de uma atitude reformista relativamente à monarquia, assumindo uma fórmula constitucional, para um discurso cerradamente anti-aristocrático, republicano e anti-clerical. A sua estrela foi claramente militar e a ascensão fulgurante que fez na carreira das armas, designadamente na arma de artilharia, deve-se ao seu génio pessoal e não tanto à protecção da família Robespierre, que efectivamente existiu. Consta que a campanha da Vendeia, as dificuldades financeiras de pagamento aos exércitos, o caos reinante na Convenção Nacional e até mesmo questões de natureza amorosa pessoal, teriam desencantado por volta de 1795 o jovem general Napoleão, ao ponto de considerar oferecer os seus serviços ao sultão da Turquia, razão pela qual muitos autores o consideram, antes de mais, como um legítimo sucessor dos condottieri do Renascimento. A ditadura, autorizada pela Convenção Nacional, do visconde Paul de Barras e a entrega do comando do exército a Napoleão permite a destruição da tentativa comunista de François Nöel Babeuf, a quem Karl Marx chamou o primeiro dos comunistas e o qual queria continuar a revolução até à destruição final do Estado criando a "sociedade dos iguais". Refiro estes episódios apenas para tentar enquadrar a atitude política de Napoleão: trata-se essencialmente de um militar, de algum pendor jacobino, mas que detesta o radicalismo político e que anseia pela ordem. Aliás, a seguir à derrota de Babeuf, seguem-se purgas e saneamentos, sempre com o argumento da cumplicidade conspirativa contra o Directório, em que Napoleão aproveita para liquidar os seus opositores. As suas vitórias contra à Áustria e contra os ingleses na Córsega concederam-lhe um prestígio adicional. As eleições de 1797 permitiram um grande avanço democrático do partido da restauração legitimista e Napoleão propõe medidas imediatas contra eles. Ou seja temos aqui um outro aspecto que permite avaliar a orientação política Napoleão: ordem mas não regresso ao passado.

Em termos de política externa, se o êxito militar é, portanto, directamente tributável a Napoleão Bonaparte, o êxito diplomático deve ser creditado em boa medida, à figura notável do um homem de génio, ministro dos negócios estrangeiros de então, o príncipe Talleirant.

O consulado foi uma solução de transição. Teoricamente tratava-se de um triunvirato, de mas facto quem mandava desde o início era o jovem general. Muitos autores tendem a considerá-lo um seguidor de Voltaire. Ora este autor é, dentro dos teóricos da Revolução francesa, aquele que mais propende para defender uma sociedade estratificada de classes, longínqua do igualitarismo da democracia directa e de soberania popular de Rousseau. Por isso não é estranhar que a constituição do ano 8.º (de 1799) fosse o mecanismo de justificação para que Napoleão pudesse estabelecer uma ditadura pessoal, suspendendo a maior parte dos direitos, liberdades e garantias dos cidadãos, e atribuindo ao primeiro-consul o papel de chefe de Estado e de chefe do Governo, bem como de comandante supremo das Forças Armadas, tutela máxima da Justiça e até o desempenho de um papel decisivo nas candidaturas dos deputados. Em termos administrativos a constituição do ano 8.º plebiscitada em 1800, restaurou o sistema do regime deposto no que toca à centralização administrativa em departamentos, com os respectivos perfeitos e intendentes. Os tribunais populares da revolução, com juízes electivos deixaram de existir e foram introduzidos os juízes de nomeação governamental, independentes e inamovíveis. O Banco Central foi criado com fins de centralização da emissão fiduciária e monetária, controle da moeda e criação de um novo sistema fiscal de impostos nacionais que substituísse a anarquia reinante. Na área que poderemos chamar dos aparelhos ideológicos na lógica de Althusser, reformula, em termos de serviço público, os três patamares de ensino e reintegra a religião Católica, estabelecendo uma concordata com a Santa Sé, na qual ele próprio fica dotado de uma capacidade de propositura dos bispos, (à semelhança do que aconteceu em Portugal com o beneplácito régio). Ou seja, ao mesmo tempo que comanda as Forças Armadas e as forças de segurança, interfere, a todos os níveis, no aparelho de Estado, nas chamadas instituições ou aparelhos repressivos e controla o essencial dos aparelhos ideológicos a saber a Igreja, a Escola, e a propaganda. A transição para o império é relativamente pacífica. O referendo de 1802 perguntava ao povo francês se Napoleão Bonaparte devia ser consul vitalício. O passo seguinte foi o de saber se podia ou não designar um sucessor. Faltava apenas um pretexto para mudança e ele surge com resposta ao atentado de 1804 atribuído ao apoio de membros da antiga Casa Real de Bourbon e portanto visando a restauração.

A criação do Império faz-se, em boa medida, por mimetismo com a antiga monarquia, desde a cerimónia, mais do que conhecida, da coroação, em que o próprio Papa foi chamado a intervir, até à criação da aristocracia, às ordens honoríficas, em suma de todo um sistema cortesão que é por demais divulgado. A dominação de territórios conquistados pela força militar no seu vasto império levaram a criar um sistema tardio de tipo feudal com Reis nomeados por ele, mas vassalos do Império como aconteceu em Espanha e no norte e centro do território italiano, por exemplo, e ainda na Vestefália, nas Duas Sicílias e como esteve para ser em Portugal.

Em todo o caso não devemos entender a ditadura napoleónica como uma simples ditadura militar. Trata-se de uma variante de "despotismo iluminado", que alia uma nova arte da guerra a fórmulas já experimentadas da política e da Administração Pública, com uma nova formulação ideológica de fundo que é, ainda que muitos o não considerem, um pré-romantismo.

II – *Salazar revisitado*

Pediu-me o meu querido amigo e confrade Vítor Escudero de Campos que colaborasse na obra que intitulou Salazar Revisitado, e que contará com o valioso espólio fotográfico do falecido dirigente da PIDE António Rosa Casaco, que apenas conheci de nome desde há muito tempo. Imediatamente aceitei o encargo. Não porque seja um especialista no Estado Novo, mas porque considero que é mais do que chegada a hora de terminar com os tabus impostos pelo politicamente correcto, que na prática, até agora, têm impedido uma reflexão livre e, tanto quanto possível, objectiva, do período histórico que vai entre a "revolução" de 28 de Maio de 1926 e a "revolução" de 25 de Abril de 1974.

Estou particularmente à vontade para o fazer: pertenço a uma família que teve gente muito próxima do professor doutor António de Oliveira Salazar, nomeadamente um tio-avô meu homónimo, do arquivo do qual conservo umas dezenas de cartas enviadas pelo antigo presidente do Conselho e do qual existe um muito volumoso maço de correspondência no Arquivo Nacional da Torre do Tombo, incluído no Arquivo Salazar. Eu próprio nunca fui adepto do salazarismo, muito embora tenha começado a minha actividade política por volta dos dezoito anos de idade, militante e dirigente da Juventude Monárquica Portuguesa e escrevendo regularmente nas páginas do semanário "O Debate", também ele destruído pela "Revolução dos cravos". Por outro lado, sou professor na área das ciências políticas, o que permite ter alguma visão técnica sobre estes assuntos e alguma possibilidade de comparação em termos teóricos e práticos.

Basta ler o relato mais ou menos exaustivo sobre o que foi o caos da primeira República para se perceber e aceitar pacificamente que o comum dos mortais estivesse completamente farto da situação política que então se vivia. Felizmente além de ler, tive ocasião de falar com inúmeros velhos, novos desse tempo, a maioria dos quais agora já transitados desta passagem para melhor, sobre as condições concretas que se vivia no país durante o primeiro regime republicano português. Em resumo breve, Portugal estava dividido em duas partes – Lisboa e o resto que era mais ou menos paisagem. Em Lisboa ocorriam directamente as permanentes sublevações e golpes de Estado ou como me diziam testemunhas oculares, tiroteios e cavalgadas militares no meio da cidade.Os governos sucediam-se a uma velocidade alucinante e a sua duração média conseguiu ser inferior a seis meses. Eram frequentes os homicídios políticos, atribuídos facilmente à Carbonária e à Camionette Fantasma, os quais atingiam, muitas vezes, vultos graúdos das próprias fileiras republicanas, como é por demais conhecido. (Lembremos o que foi a "Leva da Morte"...)

Os detractores do general Gomes da Costa insinuam que ele apenas assumiu a chefia do movimento revoltoso que sai de Braga para marchar sobre Lisboa, consumando uma contra-revolução vitoriosa a que se deu nome de Revolução Nacional, por se encontrar em gravíssimas dificuldades financeiras que o forçaram a tal situação. Não entrando nessa simplificação e aleivosia, é óbvio que desde o ano de 1919 nasciam partidos de extrema-direita na Europa, concorrendo com os partidos comunistas na mobilização das massas urbanas e, em segundo lugar das rurais, capitalizando o descontentamento com que o Estado liberal presenteava no seu "laissez faire" a generalidade das pessoas, assumindo uma posição cómoda de mero polícia e árbitro sem interferir na actividade económica e no mercado, salvo em situações de guerra, e permitindo que determinados partidos do regime usassem e abusassem do aparelho de Estado para o proveito directo dos seus próprios chefes e apaniguados. O partido fascista italiano e o partido nacional-socialista tem as suas raízes formais nesse ano de 1919. Em Portugal o movimento restauracionista da Monarquia do Norte e Revolta do Monsanto (onde o dito meu tio-avô António foi preso e o meu avô Luís conseguiu escapar) entravam com algum parentesco, na mesma onda política. Aliás o consulado do professor Dr. Sidónio Pais, de alguma forma, também pode ser considerado como uma experiência com alguns pontos de afinidade com esta nova vaga de direita. Não vou repetir a História conhecida: a inabilidade dos governos da ditadura militar, o papel proeminente do jovem ministro das Finanças recrutado na cátedra respectiva da Universidade de Coimbra, o seu "murro na mesa" e o abandono do Governo, para voltar, todo poderoso, impondo os seus termos simbolicamente definidos no célebre discurso da "sala do risco". É muito difícil fazer "história alternativa" ou imaginar situações que não vivemos e que não podem ser reconstruídas. Mas não me sobra muita dúvida, quando penso nesta reacção nacional, para dizer que se tivesse sido plebiscitada ou sufragada a Revolução Nacional, esta teria, seguramente, alcançado a maioria do apoio popular.

Como declarou Platão no século IV antes de Cristo, depois do caos gerado pela democracia o povo exige um tirano para impor a ordem.

Outro evento que não podemos deixar de parte, sem boa nota, foi o da carnificina em que redundou a guerra civil de Espanha. O espanhóis são, efectivamente muito diferentes dos portugueses e não é só na corrida de toiros que tal acontece. Cometeram-se brutalidades de parte a parte. Até há muito pouco tempo era quase proibido falar disto em Espanha. O politicamente correcto ainda hoje é lá favorável à frente governamental de esquerda, em síntese aos vermelhos (los rojos) agora travestidos de combatentes da liberdade. Lá virá o tempo em que se poderá analisar mais friamente o que sucedeu. Mas dizia eu, a carnificina da guerra civil de Espanha, foi aqui passada ao nosso lado. Nela combateram centenas e centenas de voluntários portugueses, e portanto, apesar da escassez de meios da época, havia inúmeras informações sobre o que ocorria dia após dia, com os pormenores mais sórdidos que a realidade oferecia, constituiu um renovado aviso à população portuguesa, do que poderia suceder aqui dentro, se se optasse por soluções liberais que abrissem a porta ao radicalismo. De 1936 a 1939 tivemos, pois essa guerra como ameaça. Em 1939 começa a Segunda Grande Guerra Mundial. E se houve momento particularmente feliz do Governo do Doutor Oliveira Salazar, a guerra foi sem dúvida um deles. Sem voltar ao pormenor, felizmente já conhecido, direi que se trata de um misto de grande perspicácia, de grande habilidade política e diplomática do então presidente do Conselho, com alguns momentos de boa sorte em que, como costumava dizer Salazar, a Providência esteve ao lado da nação portuguesa. Voltando à "história alternativa" direi, sem qualquer hesitação, que se o Doutor Salazar se aceitasse plebiscitar a seguir a ter conseguido tão grande proeza, teria tido ao seu lado a maioria expressa do povo português. Não podemos esquecer que de permeio, mais concretamente no ano de 1940, se celebraram em Portugal os Centenários da Fundação e da Restauração da Independência. Nem a esquerda bem pensante tem coragem para dizer mal dos resultados notáveis conseguidos no domínio das obras públicas e da Exposição do Mundo Português que então se patentearam. Felizmente há abundantes registos fotográficos e cinematográficos dessas realizações e portanto basta esperar que os fanáticos do politicamente correcto abandonem a governação efectiva dos destinos do país, para que se possa ver a verdade dos factos que, neste particular precisa de muito pouco comentário. Viveram-se, portanto, anos de apogeu.

A partir daí, as coisas complicaram-se. Desde logo com o prematuro desaparecimento do grande ministro neo-fontista que não era ideologicamente muito próximo do regime, engenheiro Duarte Pacheco. E assim se perdeu a componente que os outros países da Europa que tiveram regimes de extrema-direita conseguiram antes da guerra e mesmo durante ela: um enorme investimento a nível das infra-estruturas mais importantes, designadamente a rede de auto-estradas, a óbvia melhoria dos caminhos-de-ferro, a nova rede de armazenagem, a rede portuária, e que possibilitaram, depois de reconstruídos através do plano Marshall, os chamados milagres económicos. Em Portugal não tivemos essa sorte. Entre 1945 e 1961, ano célebre pelo início das actividades terroristas da UPA que marcaram o princípio da depois chamada Guerra do Ultramar, o país perdeu mais de uma década em que a opção se virou para a acumulação de metais preciosos (que mais tarde viria a ser chamada de gozo, pela direita, a pesada herança do fascismo, uma vez que no Banco de Portugal o regime deposto em 1974 deixou para cima de 700 toneladas de ouro em depósito) à boa maneira do mercantilismo na sua política "bullionista".

Sou daqueles que entende que o Governo do Doutor Salazar se inspirou grandemente na lógica mercantilista.

São as seguintes as principais características do mercantilismo:

— intervencionismo do poder político na produção, transformação, distribuição e comercialização dos bens e serviços à escala nacional.
— utilização da legislação e de um sistema fiscal, designadamente aduaneiro, restritivos de importações estrangeiras, designadamente das concorrentes com produtos nacionais e outros de natureza luxuosa.
— concentração nacional de reservas de metais preciosos, designadamente ouro, e criação de dificuldades à sua saída para outros países bem como da transferência de numerário para o estrangeiro. O poder nacional depende da grande concentração deste metal nobre.
— incentivo estatal às indústrias nacionais, designadamente favorecendo a criação de monopólios.
— proibição ou criação de dificuldades à exportação de matérias-primas e incentivo à sua transformação em território nacional.
— desenvolvimento da marinha mercante e da marinha da guerra.
— exploração de um império colonial pela respectiva metrópole em regime de exclusividade.
— controle geral de preços políticos e do crescimento dos salários.
— fortalecimento do poder político nacional com vista a uma autarcia e independência política e económica.

O velho professor de Direito e de Finanças da Universidade de Coimbra conhecia bem a lição e aplicou-a de uma forma metódica e técnica. Poderá dizer-se que tudo isto foi estabelecido em abono da independência nacional. De facto, o Doutor Oliveira Salazar conhecia a História, então recente, do seu país e lembrava-se, muito bem, da situação vexatória de dependência em que Portugal se encontrou durante decénios, designadamente no decurso do período final do regime monárquico e durante toda a Primeira República. Além do mais, Salazar conhecia directamente da sua governação, embora disso não falasse nem escrevesse sistematicamente, quais eram as ambições das grandes super-potências, designadamente dos Estados Unidos da América, no período que sucedeu à Segunda Grande Guerra Mundial (lembremos aqui as ameaças do período Kennedy relatadas pelo saudoso (foi meu "colega" como docente universitário no final da sua vida) Embaixador Franco Nogueira), bem como da União Soviética, cujo internacionalismo proletário já se fazia sentir em termos expansionistas, quer na Europa Ocidental, quer nos territórios dos antigos impérios coloniais das potências europeias que, a pouco e pouco, depois de 1945, se desmembraram que forma evidente e catastrófica.

Não se podendo acusar Oliveira Salazar de ter agido em benefício pessoal (se bem lembro quando morreu a sua fortuna era de escassas centenas de contos); conhecida, também a sua resistência a ser guindado a cargos diferentes de Presidente do Conselho de ministros, e exibindo durante toda a sua vida pública uma modéstia que às vezes se tornava excessiva (desafio qualquer pesquisador de registos fotográficos ou fílmicos do passado a encontrar fotografias ou filmes do Dr. Oliveira Salazar cravejado de condecorações ou fazendo-se passear em automóveis contemporâneos de grande luxo), bem como é mais do que conhecida a sua doentia resistência a empreender viagens para fora de Portugal continental, nem sequer se deslocando em visita às então denominadas províncias ultramarinas), resta a explicação que toda a sua política resulte de se considerar um salvador da Pátria, disciplinador do caos que tinha sido efectivo e que espreitava, ameaçador, a qualquer quebra de vigilância, de austeridade ou de inflexão política, desconfiando das massas populares e da sua capacidade para o auto--governo.

Muitas das suas profecias políticas vieram a confirmar-se. A descolonização, depois dita "exemplar", constituiu, no fundo na simples entrega das colónias a protagonistas da aplicação local de regimes marxistas que logo encetaram o caminho para a sua destruição e abriram as portas aos tais imperialismos que, embora de sinal contrário, eram paralelos na conquista geopolítica do mundo. O próprio país, menos de um ano depois do golpe de Estado de 25 de Abril de 1974, vivia na anarquia e caiu efectivamente, nas mãos de marxistas e de comunistas que o governo salazarista sempre perseguiu como a grande ameaça potencial do país.

Não tenho do Estado Novo uma apreciação nem sempre positiva nem sempre negativa. Comparando com a Espanha, onde um regime autoritário semelhante funcionou em simultâneo, ficámos a perder em alguns tabuleiros: o caudilho Francisco Franco é o criador da moderna classe média espanhola, foi o dinamizador mais do que do renascimento, da renovação infra-estrutural do país vizinho e a ele se deve o desenvolvimento da banca, do comércio e da indústria (e da língua imperial) espanholas que, depois da transição para a democracia e apesar dela, cimentaram a Espanha como uma das potências a ter necessariamente em conta na Europa e no mundo do século XXI. Por outro lado, em Portugal (e aqui cometer-se-ia uma injustiça em atribuir toda a culpa ao Dr. Oliveira Salazar) a solução encontrada para o ultramar português, constituiu a principal causa da derrocada violenta do regime em apreço. Parecia inconcebível, mesmo a um jovem como eu nas décadas de 60 e de 70, a manutenção de um gigantesco império colonial que se promovia económica e socialmente a olhos vistos, a todos os títulos desde 1961, por causa da eclosão do terrorismo, dependente de um super-ministério – o

Ministério do Ultramar – enquanto o restante Governo se aplicava apenas em resolver os problemas em Portugal continental nos arquipélagos "adjacentes" dos Açores da Madeira. Lembro-me, muito bem, dos debates, mais ou menos clandestinos sobre a política de integração nacional, a qual foi discretamente combatida pelos duros do regime como uma traição subliminar. Cheguei, como estudante a realizar conferências sobre o tema no Centro de Cultura Popular, então dirigido pelo Dr. Dom Pedro da Câmara Leme, vigiados, educadamente é certo, por agentes da PIDE.

Quem não estivesse metido em política, deve ter guardado destes anos o sentimento da tranquilidade dominante, de paz de espírito e das ruas com que o regime salazarista presenteou as gerações que então viviam. Quem fosse indiferente à política não teria percebido o verdadeiro alcance da censura, da falta de liberdade de expressão, de informação, de associação que então vigoravam. A censura era particularmente obtusa. Cortava indiferentemente textos perigosos para o regime, com opiniões ou factos que no entendimento dos seus agentes pudessem criar dúvidas ou fazer vacilar a rigidez da informação e da sua falta, então vigentes. Era desnecessária tanta estupidez e primarismo. Ainda hoje a capitação do consumo de livros em Portugal é, na melhor das hipóteses, de um livro por habitante e por ano, já contando os livros religiosos e manuais escolares. Esta estatística transposta para aquelas décadas seria ainda muito mais atrasada e desfavorável. Não teria feito mal à política e à imagem do regime maior abertura a nível da edição e da informação escrita. Mas estes regimes são como são e não aprendem com as asneiras pretéritas.

Não falarei lhe daquilo que é habitual ouvir-se nos clamores da esquerda: da polícia política, das prisões políticas, dos tribunais plenários, das deportações, dos campos de concentração como o Tarrafal que visitei e que era um campo de morte. Estes meios repressivos dirigiram-se quase que exclusivamente a alguns inimigos declarados do regime, designadamente aos marxistas, aos comunistas, aos sindicalistas, aos republicanos assanhados, depois todos ditos democratas, como se fosse possível meter toda aquela gente no mesmo saco, quer antes, como fazia o Estado Novo quer depois...

Uma parte da classe política portuguesa vigente tem uma inultrapassável má relação com as instituições repressivas de Estado pelo passado de violência que as polícias do Estado Novo, exerceu sobre eles. O pior é que levaram para o governo estes traumatismos de juventude.

A partir de 1961 o regime estava condenado. Podia ter evoluído para soluções de progresso económico e social e eventualmente salvo, a posteriori, uma parte dos interesses materiais, dos investimentos, do património de gerações. Mas a essência do regime não era a Economia, que era vista como um meio, um instrumento, mas sim a Política e dentro dela a salvaguarda dos interesses nacionais entendidos de uma forma autocrática e paternalista, por vezes doentia, por um patriota que História terá alguma dificuldade de compreender para fora do seu tempo. A veleidade de alguns, que, como eu, acreditaram que era possível criar novos Brasis, depressa a viram esfumar-se em pó, cinza e nada.

O professor doutor Oliveira Salazar fez, disso estou certo, o melhor sabia fazer no sentido e na direcção que entendeu ser a mais vantajosa e conveniente para a salvaguarda dos interesses superiores de uma nação que era a sua e que ele entendeu que existia no seu presente, por causa de uma certa visão da História. Ter-se-á enganado, sem que tenhamos referência da sua consciência da fatalidade do engano para o qual arrastara o futuro de milhões de pessoas. Mas pelo menos devotou a sua vida inteira à justiça da sua causa, "a bem da nação" como mandara escrever em todos os ofícios públicos da burocracia portuguesa.

Estamos, agora, numa época em que todos estes valores parecem não fazer qualquer sentido. Do canto do meu afastamento de sempre relativamente à figura do Doutor Oliveira Salazar e de muitas das suas opções, não consigo e avaliá-lo sem méritos. Num dia mais tarde veremos qual foi a sentença do Divino Criador perante este seu filho. Se calhar ficaremos todos surpreendidos.

A colecção de "retratos" que nesse livro se publica são factos políticos. Falam por si para quem quiser ou não quiser ver.

III – *Portugal, o Brasil e o século XXI.*
(A comunidade Luso-brasileira, das raízes à estratégia.)

Primeiro – Apresentação

Começo por me apresentar: sou professor catedrático do Estado português, já fui membro do Governo do professor Cavaco Silva, deputado em várias legislaturas por mais de dez anos, vereador de Cascais e autarca noutras localidades, autor de várias obras índole académica e política, colaborador da imprensa escrita e falada, inconformista, tradicionalista (aqui corro o risco de não ser compreendido porque agora só há conservadores, defensores e inertes das situações políticas ou presas conformadas com a ideologia da globalização, e contra isto sou eu quase revolucionário), poeta anónimo e inconfessado, católico por convicção, embora não sendo grande exemplo em muitas coisas (e noutras espero que sim). Tenho mais de meio século do que quando nasci, o que não sendo excessivo já não é pouco.

Segundo – O tema

Faltou dizer que sendo português sou descendente de brasileiros. Normalmente é ao contrário. E ainda por cima sou-o por várias vias: portugueses que foram para o Brasil, lá ficaram em várias gerações e depois um deles regressou, ou descendentes do "melting pot" brasileiro como por exemplo esse meu muito prezado costado de São Luís do Maranhão que entronca em franceses e numa prima direita ou meia-irmã do grande e imortal poeta do romantismo brasileiro António Gonçalves Dias. Este traço sentimental já não é só apresentação, pois faz parte substantiva e adjectiva do tema em apreço: as relações luso-brasileiras vistas de um ponto de vista de presente e de futuro.

Se algum mérito houve na política bilateral seguida durante a última metade século vinte no que toca a este relacionamento social, económico e político, foi o de manter a nível de certas elites e certas academias, aceso o fogo da comunidade luso-brasileira. Os povos respectivos tinham dela outro conceito e percepção: para o brasileiro médio o estereótipo do português era o senhor Manuel, padeiro ou merceeiro, e nós do outro lado do Atlântico, configuravamos os brasileiros como o Zé Carioca do Walt Disney, meio baiano no sentido lúdico e grosseiro, atravessado dos bum-buns de Copacabana, todos harmonicamente perfeitos e invejáveis.Ou seja, ninguém levava o outro a sério.

As situações políticas também não ajudavam. A eterna ditadura portuguesa, imobilista e orgulhosamente só, confrontava-se com a inflação louca dos brasileiros, a sua dívida externa impressionante, e uma fórmula sul-americana de balbúrdia governativa, com ditaduras militares, salpicadas de populismo e de expressões quase marxistas, que confrontavam, até 1974, com a estabilidade de múmia da economia e da política portuguesas. Com o 25 Abril foi a nossa vez de saltar da ditadura do Estado Novo, que em muitos pontos copiou o fascismo italiano, para uma loucura marxista-leninista pro-soviética, completamente absurda na Europa de então. Terminada a loucura, foi tempo de lamber as feridas e ninguém mais se preocupou com a comunidade luso-brasileira. O mundo, todavia, não parou e já não se conformava com os estereótipos que só vigoravam nalgumas cabeças dos povos irmãos em apreço. Mas o 25 de Abril de 74 teve um mérito na transformação desse conceito errado e impeditivo duma *partnership* séria: o Brasil recebeu de braços abertos a élite perseguida pelos comunistas portugueses e teve ocasião de verificar directamente que afinal o seu conceito arcaico sob os seus irmãos europeus não era verdadeiro.

Do outro lado Atlântico o principal missionário e educador das massas portuguesas relativamente ao Brasil e à sua qualidade, foi o fenómeno das telenovelas, felizmente inaugurado com a primorosa série "Gabriela". Desde então e até hoje não parou a devoção impressionante dos espectadores, aos milhões(e nós aqui só temos dez milhões!), que em Portugal, todos os dias absorvem, de forma envolvida, essa nova forma de Cultura e de comunicação, e ao mesmo tempo, diria eu, subliminarmente, apreendem o sotaque brasileiro, que passou a tão compreensível e familiar como o sotaque nortenho é para ao sul de Portugal e vice-versa. Foi o princípio da mudança.

Os economistas tendem a menosprezar estes aspectos, até porque não são contabilizáveis no sistema de partidas dobradas. Mas eles são efectivamente fundamentais. Ganhar a confiança do parceiro, nem que o parceiro seja parente, até irmão, e isto conseguido ao nível das massas, constitui um património de superior importância estratégica que não deve ser desvalorizado e, pelo contrário, deveria ser acalentado pelos respectivos executivos, de um ponto de vista meramente interesseiro, para não falar dos valores superiores da Cultura ou de outras abstracções tão queridas aos académicos ou às elites intelectuais. Mas é óbvio que não chega. Portugal faz parte de duas comunidades fingidamente complementares e de facto concorrentes. Por um lado é membro de pleno direito de uma comunidade económica transformada em União com aspirações políticas mais integradoras e federativas e por outro é parceiro há longa data, de uma aliança política-comunista na origem, chamada Organização do Tratado Atlântico Norte, a que se chama para simplificar de NATO. O Brasil também faz parte de uma comunidade económica menos integrada, mas com ambições de paralelismo com a da União europeia, o MERCOSUL e tem uma relação bilateral de amizade com Estados Unidos da América ou seja ambos temos parceria institucional em duas arenas internacionais, uma comum (relação privilegiada com a super potência única do momento) e outra similar, mas distinta, a integração numa comunidade económica de vocação alargada, de âmbito continental. Queremos afirmar a nossas posições. O Brasil tem, todavia uma vantagem enorme sobre Portugal: é um país de gigantes dimensões, de imensas capacidades naturais, com uma importância estratégica crescente. Portugal, ao invés, mostra-se sobretudo como país velho, demográfica e economicamente falando, de pequenas dimensões, periférico, de serviços, de fracos recursos naturais. Ou sendo ainda mais directo, Portugal tem sobretudo passado e o Brasil tem sobretudo futuro.

Um país com dependências e debilidades fica à mercê de outras potências dominantes. Isto é uma regra geral, praticamente axiomática nos nossos dias, como o é a solução ideal para a situação: diversificar as dependências externas, ou como diz o bom povo português "não pôr os ovos todos no mesmo cesto". Mas parece que há quem ainda não tenha aprendido o ditado. Daí que o relacionamento o luso-brasileiro, se bem que passa e deva aproveitar os elementos úteis da Cultura, da Língua, da família, do sentimento, dos consumos, para fortalecer e apoiar a sua relação, não deve situar-se ao nível do romantismo na desta área, mas dos interesses concretos e dos benefícios marginais recíprocos que se possam recolher de tal colaboração. E é óbvio para o Brasil que Portugal é uma porta de acesso fácil para a União Europeia. É óbvio para Brasil que o relacionamento com o da União Europeia não passa só pelo relacionamento com Portugal. Mas também se torna evidente que dificilmente o Brasil encontrará na Europa uma testa-de-ponte, um entreposto mais óbvio e mais fácil do que aquele que é dado pelo seu país irmão.

IV – *A política em África no século XXI: pesadas heranças e saídas possíveis*

Primeiro – *A pesada herança do colonialismo*

No ano 2000 publiquei no nosso Instituto, um pequeno manual intitulado "Colonização Moderna e Descolonização – sumários para o estudo da sua História". Trata-se de uma síntese dos processos comparados de colonização moderna e de descolonização contemporânea, designadamente os originados na Europa, quer no decurso da primeira onda de expansão, como foram os casos dos imperialismos português e espanhol, bem como, de outra forma, o holandês, inglês, e francês, bem como os da segunda onda de colonização, desta feita novecentista, com expressão jurídica na Conferência de Berlim, nos quais se converteram alguns dos mais importantes antigos impérios coloniais, como são os casos do britânico, do francês, agora, também neo-colonialistas, aos quais se juntaram outros processos paralelos, sem qualquer tradição mais antiga, como foram os casos do colonialismo alemão, do belga, e do italiano, para referir apenas os mais significativos.

No final da obra, e de uma forma sucinta e sobretudo cronológica, refiro os momentos mais relevantes dos processos de descolonização referentes aos países em apreço, sem contudo poder elaborar comentários críticos de maior monta, uma vez que entendo que não existe ainda um distanciamento temporal e geracional que permita com a mesma frieza, ajuizar de uma forma tanto quanto possível objectiva e imparcial, o sucedido. A História tem uma metodologia própria, objectivos claros, e a análise da "História do presente", embora recorra a métodos que são do seu foro, não se deve confundir, de uma forma amalgamada e indistinta com aqueles.

Está, neste momento, em fase de publicação final outra obra que completa, a meu ver a primeira vai intitular-se "Imperialismo, Descolonização, Subversão e Dependência" e conto que esteja à disposição dos leitores ainda neste ano de 2001. Aqui trata-se de realizar uma abordagem complementar da anterior, mas de âmbito não tão histórico e sim, mais politológico, ou seja, de avaliar os efeitos das colonizações e das descolonizações, de identificar as respectivas ideologias, quer a nível latente quer a nível aparente, e bem assim de ajuizar os resultados desses mesmos processos bem como os efeitos que em termos económicos, sociais, jurídicos e políticos produziram na segunda metade do século vinte.

A minha intervenção de hoje vai dar por adquirida a matéria contida no primeiro volume, já referenciado, e sintetizar algumas das conclusões do segundo volume que está para sair, adicionando-lhe, finalmente, uma proposta formulada no sentido da resolução da grande crise, de natureza infra-estrutural e estrutural,em que vive o continente africano.

Assim sendo, referirei primeiramente que como decorre da comparação realizada dos processos de colonização moderna, não houve no seu decurso e progresso, os mesmos objectivos estratégicos. Em primeiro lugar despontam os modelos português e espanhol, bastante aparentados entre si, nos quais se desenvolveu, embora nem sempre pelas mesmas vias, uma política integracionista. Quer isto dizer que ao expandir-se o império, na busca da fortuna fácil,diga-se de passagem, se amplia também a religião, a fé católica em qualquer dos casos, se repete a pátria, se transplantaram os nossos costumes os nossos modos,as nossas vivências, os nossos comportamentos, os nossos princípios, a moral dominante a par das estruturas jurídicas dos procedimentos económicos, das matrizes políticas e se reproduz, por assim dizer a herança metropolitana nos cantos mais recônditos dos impérios, partindo-se do axioma da excelência do nosso figurino original e da nossa maneira de estar no mundo, em prejuízo e detrimento de qualquer outra formulação ou vivência autóctone ou indígena desses territórios. Chegámos à Madeira e aos Açores que eram arquipélagos desertos e aí reproduzimos a pátria. Não havia ninguém que o contestasse,não havia ninguém que quisesse o contrário. Mas quando chegámos à Índia, ou à China, ou Oceânia, ou à América, quando por via da cabotagem salpicamos a orla africana de paragens controladas por nós, fizemos rigorosamente o mesmo dentro da proverbial insuficiência dos nossos meios, e operando verdadeiros milagres tendo em conta a reduzida expressão da nossa população, da nossa força, e da nossa riqueza. É em virtude desse transplante que ainda hoje um dos bolos nacionais do Japão é o nosso pão-de-ló, o Brasil inclui no mais recôndito das suas fronteiras pratos característicos da dieta mediterrânica, ou que em Goa, Damão e Diu se chora por pasteis de bacalhau, que vem da Terra Nova e da Islândia (!), e assim por diante. Os espanhóis, concentrados sobretudo da América latina, reproduziram a sua pátria de uma forma bem mais violenta e cruel, mas o efeito final é bastante idêntico: destroem-se literalmente as culturas originais, subjacentes, e por difusão cultural, animada por várias vias, designadamente pela força, é implantado um novo figurino que dá muito mais traços e padrões de Cultura do que recebe, enculturando as várias gerações conviventes, de maneira a tornar dificilmente reversível o processo.

A explicação destas atitudes terá necessariamente várias razões de ser e não uma apenas. Mas vemos que em ambos os casos se trata de países colonizadores de religião oficial católica, empenhados na cruzada promovida pelo Papa Alexandre sexto de contrariar as perdas da cristandade fiel a Roma com novos alargamentos territoriais e populacionais a sul. Não esqueçamos que Portugal e a Espanha ficaram fiéis na rotura que as reformas protestantes introduziram na cristandade, tendo sido, muito naturalmente recompensados com as bulas papais que autorizaram as respectivas expansões coloniais. As colonizações britânica, holandesa, e francesa, iniciaram-se intimamente ligadas ao corso, com uma lógica empresarial, fundadas, sobretudo em companhias comerciais de natureza magestática. A atitude desses países,e lembremos que quer os ingleses quer os holandeses têm uma importante componente de religião oficial protestante, foi o de reproduzir a pátria num micro-cosmos restrito, para gáudio e sobrevivência com um mínimo de conforto, dos agentes principais da colonização, mantendo, tanto quanto possível incólume o restante das culturas e vivências locais, reformando apenas o indispensável, como sejam as Forças Armadas, os portos, as comunicações, as Finanças. Tanto lhes importava quais fossem as práticas religiosas, algumas delas absolutamente bárbaras à luz dos conceitos ocidentais de então e de hoje, quais fossem os costumes alimentares ou as línguas, importando-lhes, sobretudo a paz das ruas, a obediência dos colonizados, naquilo fosse eficiente para uma boa a exploração económica das riquezas. Não interessará, por hora, ajuizar quem fez melhor, quem prejudicou a longo prazo, mais ou menos os povos colonizados, quem lhes dificultou efectivamente mais a vida num futuro independente ou, para ser mais verdadeiro, pseudo-independente. O que interessa, neste momento é ressaltar que, quer por força da primeira onda de expansão colonial, quer por força da segunda, e decorrente dos conflitos de natureza nacionalista e mercantilista em que se inseriam directamente os impérios coloniais, na sua articulação com as respectivas metrópoles, se geraram fronteiras completamente artificiais, mudando em função dos interesses dos colonizadores, tutelas políticas que se alteraram com os negócios ou com as vitórias e derrotas ocorridas entre as potências colonizadoras e que fizeram mudar de "gerência" multidões e potentados de um dia para o outro, fronteiras essas que se foram alterando durante o século XIX e ao longo da primeira metade do século XX, designadamente por efeito dos conflitos mundiais que a caracterizaram,de uma forma tão brutal. Também interessará recordar, e sobre o assunto não me alargarei mais, uma vez que ele está tratado nestas duas obras, que o macro-processo da descolonização contemporânea é promovido simultaneamente pelos comunistas soviéticos, no final da Segunda Grande Guerra Mundial, pelos norte-americanos no mesmo âmbito e, mais relutantemente, pelos ingleses e franceses, já então numa posição menos proeminente do que os outros dois parceiros na vitória. É no quadro das conferências do final da guerra de

1944 e 1945, designadamente de Teerão, de Yalta e de Potsdam, que os aliados combinam entre si a divisão das tarefas que poderiam conduzir à capitulação das potências do Eixo, à partilha das esferas de influência na Europa e à descolonização de todos os impérios ultramarinos sem excepção. É aliás, este quadro que fica consagrado na Carta de São Francisco, aprovada em 1945, que cria a Organização das Nações Unidas, em cujo Conselho de Segurança, pontificam os países vencedores da Segunda Grande Guerra, acima referenciados, juntamente com a China, então um país de menor importância, mas depois de 1949 uma das forças maiores da sustentação política da lógica de descolonização marxista--leninista. Ora bem: temos aqui a chave para a descodificação das ideologias que promovem a descolonização. De um lado os comunistas soviéticos, que no contexto do marxismo – o leninismo desejam por um lado enfraquecer o capitalismo de tipo mercantilista, em vigor nesse impérios coloniais, e por outro arregimentar, em seu benefício o maior número de novos países que iriam ter assento na Assembleia Geral das Nações Unidas, com o seu voto, bem como seriam potenciais aliados do internacionalismo proletário na luta contra o capitalismo no mundo. Foi aliás, o que veio à acontecer. Por outro, temos os Estados Unidos da América, que já tinham a tradição do aproveitamento em benefício próprio dos impérios coloniais das Américas, extraídos às tutelas dos antigos colonizadores, e que se tornaram facilmente em zonas dóceis à política externa norte-americana, aos respectivos negócios e companhias multinacionais, ao ponto de ser definido o isolacionismo norte americano no âmbito da doutrina de Monroe a uma escala continental, criando-se, por assim dizer dois palcos diferentes no contexto da política externa norte-americana, um de natureza doméstica que corresponde ao espaço vital norte-americano (todo o continente americano) e a segunda,um palco exterior a este continente, e ainda assim com nuances geopolíticas em função dos interesses estratégicos norte-americanos.

Em último lugar nem os franceses nem os ingleses, depauperados pela guerra de 1939-1945, vitoriosos mas esgotados, eram capazes de sustentar impérios coloniais revoltados ou em vias revolta, que para além do mais, sobretudo no caso britânico e francês, auxiliaram,de uma forma corajosa o esforço de guerra contra o Eixo, e que agora reclamavam a sua autonomia. É claro que perdidos os impérios coloniais para os ingleses para os franceses, deviam ser perdidos para todos os outros. Foi aliás, o que tinha acontecido no figurino da abolição do tráfico de escravos e da escravatura. Abolidos, um pouco inesperadamente, para os ingleses, transformam-se estes, imediatamente, em polícia internacional de fiscalização da abolição em geral. As questões humanitárias obviamente que nada têm que ver com esta atitude, uma vez que ela era movida pelos critérios da concorrência em termos comerciais e económicos.

Naturalmente que não estou a diminuir a componente subversiva dos movimentos independentistas dos países colonizados. Nem estou a esquecer os movimentos de libertação dos povos em direcção à respectiva soberania político-jurídica. Mas tão-só dizer que se trata de uma questão secundária e subordinada às anteriores intenções, directivas e condicionalismos.

A ideologia de fundo é, quer para o capitalismo quer para marxismo-leninismo, a de manter as fronteiras legadas pelos colonizadores, criar Estados dependentes em termos de comércio internacional, fracos em termos de elites, subordináveis em termos políticos e militares, condicionando-lhes o seu futuro, e gerando todo o enorme conjunto de problemas de natureza económica, jurídica e política que caracterizou a vivência do Terceiro Mundo desde que nasceu após 1945, até hoje.

A pesada herança da descolonização

Para avaliarmos de uma forma global, quanto pesada foi a herança da descolonização, obviamente com ligação directa e consequente da herança da colonização, teremos de percorrer em termos casuísticos e tanto quanto possível estatísticos, vários fenómenos que, de uma forma incontornável, se possam qualificar de consequências directas dos processos de descolonização e, obviamente como se disse, de colonização que os antecedeu. Este é aliás, um dos objectos da minha já referida obra "Imperialismo, Descolonização, Subversão, e Dependência". Em termos necessariamente sintéticos, vamos eleger alguns desses fenómenos para depois concluirmos o que se apresentar como pertinente.

A) A descolonização originou um enorme conjunto de Estados exíguos e inevitavelmente dependentes. Como é sabido o Direito Internacional Público considera figura dos micro-Estados ou Estados exíguos que são aqueles que apesar de lhes ser reconhecida alguma soberania em termos externos, não preenchem as condições materiais para que se lhes atribua a totalidade das competências internacionais designadamente o o Direito de fazer a guerra, a totalidade do Direito de celebrar tratados e, correspondentemente, a totalidade do Direito de representação internacional. É natural que assim seja, pois devido à sua insignificância territorial e diminuta expressão demográfica, não possuem sequer forças armadas regulares, muitas vezes apenas têm forças pequenas de natureza policial, e por conseguinte daqui decorre a sua natureza de micro-Estados e portanto de sujeitos de Direito Internacional Público de capacidade atenuada. No entanto são países perfeitamente viáveis e economicamente florescentes como nos casos da República de São Marinho, do Lichtenstein, Andorra, o Mónaco. Todavia os Estados minúsculos que saem das descolonizações não são, na maioria dos casos, economicamente viáveis. Muitos deles importam quase tudo para a sua sobrevivência, têm os seus recursos naturais totalmente exauridos, têm uma grande parte do seu território inabitável, não têm produção agrícola suficiente para manter a sua população, são fustigados por intempéries constantes que tornam impossível a sua sobrevivência autónoma, têm uma enorme dívida externa e vivem normalmente das ajudas exteriores, de um escasso turismo, de multinacionais, da venda de bandeiras de conveniência para embarcações e habitualmente estão dependentes de uma grande potência, constituindo de facto novas formas de protectorado internacional.

B) A descolonização provocou inúmeras formas e casos de subversão política e militar. Desde logo provocou um conjunto vastíssimo de guerras civis, de natureza étnica e tribal, às quais naturalmente se associou até à década de 90 do século passado a intromissão externa das super-potências, no âmbito do conflito Leste-Oeste. Todavia esses conflitos mantêm-se acesos mesmo depois do fim formal da "guerra fria", pois recolhem a sustentação em rivalidades multisseculares de grandes etnias que foram coagidas pela colonização e pelo Direito Internacional subsequente à Segunda Grande Guerra Mundial a viverem no âmbito de um mesmo Estado e à sombra de um só poder político. Em segundo lugar, provocaram uma sucessão gigantesca de golpes de Estado e de fenómenos de âmbito revolucionário, aos quais também não são alheias as super-potências e as antigas metrópoles, sendo impossível, pela frequência com que ocorrem, designadamente no âmbito territorial da África austral, qualificar estes eventos como excepcionais. Em alguns países são, de facto, uma forma recorrente de mudança das camadas governantes. Em terceiro lugar, estes países saídos da descolonização, envolvem-se sistematicamente em guerras de natureza internacional, provocadas por questões fronteiriças, herança da colonização e da descolonização, em consequência directa da artificialidade com que estas foram traçadas. Este ambiente de permanente conflitualidade armada gera, nas ex-colónias mais ricas, detentoras de matérias-primas valiosas para o comércio internacional, uma apetência imparável para a compra de material militar, facto que obviamente agrava não só a dependência externa desses países como a continuidade dos processos subversivos.

C) A descolonização manteve, para lá do artificialismo das fronteiras já referido, a estrutura do comércio internacional e a estrutura da própria economia de dependência, que caracterizava as colónias face ao império de que faziam parte. Esta dupla condição, torna impossível o desenvolvimento autónomo, para lá de certo limite, mesmo dos países mais prósperos e ricos em termos de matérias-primas. Mostra a História e a evidência do presente que o fosso económico existente entre os países ricos os países pobres não pára de se alargar, tomados que sejam quaisquer dos indicadores económicos para o efeito. A globalização económica não é senão um novo nome para designar a continuação deste sistema. Ou seja, pretende-se a permanência dos termos do comércio internacional, os quais foram definidos pelos países mais ricos, para esse efeito concertados em cartel, eles próprios já sujeitos a um esquema de globalização que, pela internacionalização das suas economias e do capital financeiro, se transformaram em partes de um sistema único, que se tornou hegemónico no Primeiro Mundo, e pretende, agora, absorver todo o resto. Não há análise séria de economistas que não refira a inevitabilidade da globalização. O sistema evolui, pois, dando razão à lógica marxista: é através das relações de propriedade e das relações de produção (ou seja da Economia) que se irá controlar o Direito, a superstrutura política, e o próprio poder. Eis a essência do último dos imperialismos.

D) As consequências ideológicas de todo este processo, em termos africanos, têm conduzido a uma série de becos sem saída. As receitas de criação de uma ideologia para o Terceiro Mundo saíram goradas. As propostas do presidente Nasser, do Mahatma Ghandi, de Nekrumah, que tomaram assento no movimento dos não-alinhados, no neutralismo, e da própria OUA, sucumbiram perante o colapso do conflito Leste-Oeste, que começou em 1989. A partir daí ficou óbvio que Terceiro Mundo não tem qualquer autonomia, tendo sido todo este arsenal doutrinário uma mera manobra para jogar com qualquer um dos pólos de tal conflito. Daí o nascimento de radicalismos e fundamentalismos, que constituem a par das expressões extremas e totalitárias de ideologias marginais renascidas no Primeiro Mundo e no ex-Segundo Mundo, formas de expressar o desespero e o ressentimento perante a impotência de alterar este estado de coisas. O sistema está bloqueado, o pensamento é único, não existem terceiras vias. Daí o fundamentalismo, daí a solução radical, o ressentimento expresso de forma violenta, quer seja a nível marginal das grandes cidades europeias e americanas, quer seja nos países apanhados por esta nova forma capciosa de dependência sem termo certo. O direito de ingerência internacional, ressuscitado dos tempos da Santa Aliança e do Concerto Europeu, desta feita pela defesa dos direitos humanos, e da democracia pluralista com figurino ocidental, constitui um novo mecanismo coercivo para manter o sistema, para impôr um esquema ocidental que para lá da sujeição artificial das fronteiras, prossiga a desadequação estrutural destes países saídos da descolonização, cujas economias permaneceram exploráveis, no âmbito do enquadramento que se mantém. É óbvio que a explicação não pode ser esta, em termos públicos e confessáveis. Assim, desenvolve-se todo uma teoria do subdesenvolvimento, que subliminarmente faz crer que os países antigamente colonizados têm uma espécie de defeitos congénitos, no estilo do criminoso nato e do criminoso compulsivo de César Lombroso, e portanto geram necessariamente elites corruptas, distúrbios, indolência e manifestam sempre incapacidade de se governar, são pouco produtivos, e portanto, também subliminarmente precisam do conselho e do apoio de quem sabe, quer seja instituição internacional quer seja potência internacional, para se desenvolverem. De novo, dão razão ao marxismo: a ONU e as agências especializadas, a ela associadas ou dela dependentes, não têm autonomia própria e nessa medida reflectem a ideologia dominante, que é a ideologia dos Estados dominantes, que é a ideologia dos interesses dominantes, e portanto mantêm o sistema, com soluções paliativas suficientes para sossegar a consciência média do cidadão médio que constitui a opinião pública, que é como se sabe, um factor fundamental no âmbito das democracias pluralistas do Primeiro Mundo. A ONU tem dado cobertura ao sistema em todo sentido: pela manutenção dos Estados como saíram da descolonização e portanto debilitando-os internamente, ao não se pronunciar, de forma decisiva, sobre o sistema do comércio internacional, dando o seu apoio e autoridade à novíssima fórmula, que afinal é velha, do direito ingerência, impondo o figurino ocidental da formulação do Estado, do Direito, dos valores juridicamente tutelados em termos internacionais e da Economia, a todos os países saídos da descolonização, com a bondade adicional, de terem os países do outrora Terceiro Mundo a maioria dos votos na sua Assembleia Geral, de ser do Terceiro Mundo oriundo o Secretário-geral da sua Organização, de controlarem os países do dito e quase defunto Terceiro Mundo, muitos dos postos cimeiros nas referidas agências internacionais.

E) Acresce, no caso do continente africano, que a Sida, constitui, sobretudo no âmbito da África austral, uma ameaça a médio prazo. Bastará não fazer nada, ou manter o nível de "faz que anda mas não anda" que caracteriza o presente momento, para ver que daqui a algumas poucas décadas a doença terá dizimado uma parte muito considerável da população negra africana. Dizia, há pouco tempo, uma pessoa amiga, cultora destes aspectos de saúde pública, que a manter-se o actual ritmo de reprodução da Sida em África, por meados deste século XXI, a República da África do Sul poderá vir a ter maioria branca, e que alguns países vizinhos deste Estado poderão ter perdido a esmagadora maioria da sua população actual. Daí, a meu ver, um certo estilo subliminar que caracteriza a política hegemónica em relação a este problema vital do continente africano, e da África austral em particular: manter a ajuda humanitária em casos pontuais de catástrofes naturais, deixar que as organizações não--governamentais, e o voluntariado, sobretudo o associado às igrejas e confissões religiosas, mantenha à assistência na doença e na Educação suficientes para exibirem uma intervenção palpável perante as opiniões públicas de todo mundo, designadamente dos países ricos que para ali contribuem, também ocasionalmente, não mudar nada de estrutural nem de essencial e deixar que a História, associada à terrível pandemia que é a Sida, resolva o problema a médio prazo, continuando-se a exploração dos recursos mais rentáveis, em termos de matérias-primas.

Em conclusão: este sistema corresponde a uma intenção. A prova definitiva desta afirmação está na resistência institucional, designadamente a nível da ONU, mas também a nível de todos os que detêm a capacidade de decisão internacional, para mudar. A descolonização não foi senão uma forma habilidosa de transferência de exploradores, para pior direi eu, tendo em conta a situação dos países subordinados. Já não contabilizarei os milhões de vítimas que este processo originou, por todas as vias directas e indirectas. Se se mantiverem os termos estruturais, jurídicos, territoriais, políticos, porque aos económicos será difícil de se pode deitar mão em termos de modificação, o sistema permanecerá incólume. Em termos de continuidade, o Apocalipse africano já começou. Só um milagre, uma grande convulsão internacional, uma grande força de vontade dos africanos, concertados, em alterar o sistema, poderá fazer alguma diferença.

F) Que fazer?

A questão final, em que naturalmente desemboca a breve análise que vos estou a sintetizar, pode efectivamente resumir-se na questão referida em em epígrafe,e que aqui não significa uma homenagem a Lenine, como estou certo, acreditarão. A resposta a esta pergunta depende, como é óbvio, da ideologia que se assume, quer em abstracto quer em concreto, perante a situação colocada. O sistema vigente teve a habilidade de estabelecer uma inércia que colhe quer os apoios decididos de quem está interessado na manutenção do mesmo sistema, quer a solidariedade, quantas vezes inconsciente, de um conjunto de pessoas que acha que ao não tomar qualquer posição, está pura e simplesmente a desviar-se dela, ou a definir uma posição neutra. Este último grupo, provavelmente o maior, é também o mais difícil de mover. Estamos numa situação habitual para os hábeis condutores de assembleias gerais, que frequentemente utilizam a fórmula "quem está favor deixa-se ficar sentado". De facto, o não fazer nada é já uma atitude política perante o problema. O encolher de ombros perante uma questão desta gravidade, com consequências humanas tão dramáticas, é uma tomada de atitude,mas goza da complacência e do comodismo induzido por uma sociedade massificada, egoísta, de consumo, com excesso de informação, e de indignação selectiva, previamente orientada e estimulada. Excluindo, pois, as forças determinantes que apoiam a manutenção do sistema, a multidão dos aliados tácitos que se convencem da sua neutralidade, orientemos as nossas preocupações para aqueles que não se conformam com a injustiça desta situação, que conduz invariavelmente ao agravamento das situações humanas nela envolvidas. Que fazer?

A solução passa naturalmente, por dobrar um "Cabo da Boa Esperança". Tenho como certo que a manter-se o actual quadro geográfico-político, o actual Direito Internacional Público, designadamente no aplicável às situações africanas, não será possível mudar nada de substantivo. Se assim é, um dos objectivos prioritários será o de mudar os Estados em África, mudar a situação que tutela as soberanias fracas e débeis, no campo internacional, progredir no sentido de autonomizar economicamente, tanto quanto possível o mercado africano.

Nesse propósito uma das soluções possíveis, politicamente correcta e portanto inatacável do ponto de vista técnico e mesmo político, é o modelo aplicado na União Europeia. Obviamente que este modelo, no caso da África austral, deverá ser adaptado às circunstâncias concretas e diferentes daquele território. Em primeiro lugar é fundamental dividir o poder político no quadro dos Estados existentes. E tanto será possível por intermédio da utilização de várias vias formais, a saber: a regionalização, a constituição de estados federais, a constituição de confederações. O objectivo é o de definir fronteiras em que o exercício do poder administrativo e político, progressivamente crescentes, se aproximem dos territórios naturais históricos dos povos da África negra. Paralelamente é fundamental não descurar a questão económica, avançando pelo modelo outrora adaptado pela CEE: o da zona de comércio livre e da União aduaneira. Sempre que se verifique a existência de divisões no seio de povos e culturas homogéneas, repartidas por poderes políticos diferentes, como herança colonial aberrante, devem ser favorecidas, através ainda do precedente usado na União Europeia, de projectos transfronteiriços integrados, com vista a possibilitar uma posterior reunificação de natureza política. Este propósito consegue-se com o patrocínio e a criação de projectos regionais transfronteiriços. Progressivamente deve ser constituída uma comunidade económica no sub-continente africano, não só no sentido da criação de um mercado único, ou de uma moeda única, mas com vista à estabilização e normalização do relacionamento entre as novas unidades nascentes. A situação ideal deveria visar o desmantelamento progressivo dos Estados actuais, esvaziando em termos confederais "para cima" as competências características da soberania externa e simultaneamente, esvaziando "para baixo" as competências internas sobrantes.

Paralelamente haverá que retomar o instituto internacional do Estado exíguo, ou micro-Estado, dotando-o de características de neutralização permanente e de garantias adicionais que dificultem ao máximo a sua instrumentalização por potências de maior dimensão, por empresas ou mesmo por movimentos e indivíduos.

Esta é a solução. Muito naturalmente não é de esperar que quem beneficia directamente com a manutenção do actual sistema, se empenhe, por uma questão humanitária ou meramente ideológica, numa transformação desta natureza que, obviamente tenderá à pacificação dos parceiros da África negra, à melhoria das suas estruturas económicas, políticas e sociais, e para a criação de uma força regional de expressão mundial. Deverão ser os africanos os primeiros promotores de um projecto desta envergadura. O seu futuro está em jogo, em primeiro lugar. E contarão, seguramente, com a solidariedade empenhada de todos aqueles que não se revêem na miséria, na morte, na destruição, e no sofrimento, em nome do negócio de alguns tanto "de dentro" como "de fora".

ÍNDICE

PALAVRAS DE APRESENTAÇÃO 5

1. OS ACTORES INTERNACIONAIS E A LIÇÃO DA GEOPOLÍTICA
   E DA GEOESTRATÉGIA 7

2. A INFRA-ESTRUTURA ECONÓMICA E A OLIGARQUIA
   INTERNACIONAL 13

3. A CAMINHO DA SOCIEDADE TOTALITÁRIA TRANSNACIONAL 15

4. A IDEOLOGIA DO OCIDENTE 19
   4.1. A ideologia em movimento 21
   4.2. Precisão conceptual operativa 23
   4.3. A ideologia neoliberal e a teoria do Governo mundial 24
   4.4. O nascimento de uma nova ideologia: a Governance e o fim da democracia
        liberal 28

5. UM NOVO MANIQUEÍSMO 33
   5.1. Algumas situações especiais no contexto das relações internacionais con-
        temporâneas 35

6. O TERRORISMO 43
   6.1. O super terrorismo 46
   6.2. Tipos de super terrorismo 47
   6.3. Terrorismo, guerra civil e guerrilha urbana 49
   6.4. A Psicologia Social e explicação da subversão no mundo contemporâneo.... 51
   6.5. Terrorismo, crime organizado transnacional e financiamento dos mesmos.... 53
   6.6. O complexo militar-industrial e "o regresso às armas" 55

7. O CONTRA-TERRORISMO 57
   7.0. O anti-terrorismo na União Europeia 60
   7.1. Erros sistemáticos na resolução do problema do terrorismo e do crime orga-
        nizado 61
   7.2. Criminalidade organizada e terrorismo 64
   7.3. Alterações no terrorismo transnacional 67

8. O NOVO CICLO DA FÉ 69

9. PARA UMA TEORIA DA REMUNERAÇÃO INTEGRAL 73

10. A GESTÃO DO SISTEMA 77

11. PALAVRAS DE CONCLUSÃO 79

APÊNDICES 81

   I – *Napoleão, a ideologia e a acção política* 83

   II – *Salazar revisitado* 91

   III – *Portugal, o Brasil e o século XXI.*
      (A comunidade Luso-brasileira, das raízes à estratégia.) 99

   IV – *A política em África no século XXI: pesadas heranças e saídas possíveis* 103